Mariana C.

Depășirea limitărilor mentale

Atingerea Potentialului
MAXIM

Cuprins

6.Gestionarea fricilor și a anxietății .
- Cum să facem față emoțiilor negative care ne blochează progresul.

7.Construirea încrederii și a stimei de sine .
— Cum să ne creștem încrederea în propriile capacități și să ne valorizăm pe noi înșine.

8.Setarea obiectivelor și strategiile de atingere a acestora .
- Cum să ne stabilim scopuri realiste și să ne creăm planuri pentru a le realiza.

9.Delegarea și colaborarea .
- Cum să recunoaștem când avem nevoie de sprijin și să cerem ajutor.

10.Reevaluarea și ajustarea .
- Cum să ne monitorizăm progresul și să ne adaptăm strategiile pe măsură ce depășim limitările mentale.

Capitolul 1

Introducere .

- Descrierea conceptului de limitări mentale și impactul acestora asupra vieții noastre.

Depășirea limitărilor mentale este un proces complex și profund, care implică explorarea și conștientizarea propriilor gânduri, credințe și comportamente. Este un proces care necesită timp, efort și răbdare, dar poate aduce schimbări semnificative în viața unei persoane.

Mulți oameni se confruntă cu diferite tipuri de limitări mentale, care pot fi create de propria lor minte sau de alte influențe externe. Acestea pot afecta în mod negativ capacitatea unei persoane de a-și atinge potențialul maxim și de a trăi o viață împlinită și fericită.Pentru a depăși aceste limitări mentale, este important să începi prin a le conștientiza și a le înțelege. Acest lucru implică explorarea propriilor gânduri și credințe, identificarea celor care sunt limitative și înlocuirea lor cu gânduri și credințe pozitive și constru.

Un alt pas important în depășirea limitărilor mentale este să începi să îți asumi riscuri și să ieși din zona ta de confort.

Un prim pas în depășirea limitărilor mentale
este să începi să te observi pe tine însuți și să
fii atent la modul în care gândești și te
comporti. Poți ține un jurnal în care să
înregistrezi gândurile tale și emoțiile tale,
sau poți medita pentru a deveni mai conștient
de propriile tale procese mentale.
Odată ce ai identificat gândurile și credințele
limitative, ai putea începe să lucrezi la
schimbarea lor. Acest lucru poate fi dificil și
necesită un efort constant, dar este esențial
pentru a te elibera de limitările mentale și
pentru a-ți atinge potențialul maxim.
Un mod eficient de a depăși limitările
mentale este prin practicarea auto-îngrijirii
și a auto-compatimității. Acest lucru
înseamnă să-ți accepți și să-ți iubești pe tine
însuți așa cum ești, să îți acorzi timp și
atenție și să-ți pui nevoile și bunăstarea pe
primul loc. Cu cât îți dezvolți această relație
pozitivă cu tine însuți, cu atât îți va fi mai
ușor să depășești limitările mentale.
Este normal să te simți neconfortabil atunci
când faci lucruri noi sau îți asumi riscuri, dar
este important să îți depășești aceste temeri
și să mergi mai departe.

Cu cât te expui mai mult la situații noi și provocatoare, cu atât vei deveni mai puternic și mai încrezător în capacitatea ta de a depăși limitările mentale.

În timp ce lucrezi la depășirea limitărilor mentale, este important să îți setezi obiective realiste și să îți stabilești un plan clar pentru a le atinge. Poți crea un plan de acțiune care să te ajute să obții obiectivele tale și să îți monitorizezi progresul pe parcursul acestui proces.

Esențial este să îți aduci aminte că depășirea limitărilor mentale este un proces continuu și că este normal să întâmpini obstacole și să te confrunți cu rezistență pe parcursul acestui drum. Este important să fii răbdător cu tine însuți și să îți accepți căderile ca pe o parte naturală a procesului de creștere și evoluție

Pe măsură ce depășești limitările mentale, vei observa cum viața ta începe să se schimbe în mod pozitiv. Vei deveni mai încrezător în tine însuți, vei avea mai multă claritate și direcție în viața ta și vei fi mai deschis la noi oportunități și experiențe. Depășirea limitărilor mentale îți va deschide ușile către un nou nivel de creștere și dezvoltare personală.

Depășirea limitărilor mentale este un proces complex și profund, care implică explorarea și conștientizarea propriilor gânduri, credințe și comportamente. Este un proces care necesită răbdare, efort și dedicație, dar poate aduce o schimbare semnificativă în viața unei persoane. Prin depășirea limitărilor mentale, poți să îți atingi potențialul maxim și să trăiești o viață împlinită și fericită.

Limitările mentale sunt acele bariere invizibile și uneori subtile pe care le avem în gândirea noastră, care ne pot împiedica să ne atingem potențialul maxim și să ne bucurăm de o viață împlinită. Aceste limitări pot fi rezultatul experiențelor trecute, credințelor înrădăcinate sau temerilor noastre interne. Impactul limitărilor mentale poate fi devastator asupra vieții noastre. Acestea ne pot împiedica să ne asumăm riscuri, să explorăm noi oportunități sau să ne dezvoltăm pe plan personal sau profesional. Ne putem simți blocați într-un loc fără a putea progresa și fără a ne atinge obiectivele. Când avem limitări mentale, ne putem simți neputincioși sau incapabili să schimbăm și să ne dezvoltăm.

Aceste gânduri limitative pot avea consecințe negative asupra stimei de sine și asupra încrederii în propria persoană.Putem simți motivul și neinspirați să ne implicăm în activități noi sau să ne propunem obiective ambițioase.Un alt impact al limitărilor mentale este că ele pot afecta relațiile noastre cu ceilalți. Dacă suntem blocați în gândirea noastră limitativă, putem fi mai puțin deschiși la ideile sau opiniile altora, putem fi mai critici sau judecători și putem avea dificultăți în comunicarea eficientă. Totodată, limitările mentale ne pot împiedica să ne bucurăm de viața noastră la maxim. Putem fi preocupați de gândurile negative sau de fricile noastre interne, astfel încât să nu ne putem concentra asupra momentului prezent și să nu ne putem bucura de lucrurile frumoase din jurul nostru.

Pentru a depăși limitările mentale și a ne îmbunătăți viața, este important să conștientizăm aceste gânduri limitative și să le identificăm ca fiind doar obstacole create de mintea noastră. Este important să ne eliberăm de fricile și temerile noastre interne și să ne antrenăm mintea să gândească într-un mod mai deschis și mai flexibil.

Există mai multe strategii și tehnici care ne pot ajuta să depășim limitările mentale. Printre acestea se numără practicarea meditației, care ne pot ajuta să conștientizăm gândurile noastre limitative și să le eliminăm treptat.

De asemenea, terapia cognitiv-comportamentală poate fi utilă în identificarea și schimbarea gândurilor negative și limitative.este important să ne deschidem către noi experiențe și să ne implicăm în activități care ne pot ajuta să ne depășim limitele mentale. Poate fi util să ne propunem obiective realiste și să ne motivăm să le atingem, chiar dacă ne simțim încă nesiguri sau neîncrezători.

În final, este important să înțelegem că limitările mentale pot fi depășite și că putem evolua și crește pe plan personal și profesional, dacă suntem dispuși să lucrăm la eliminarea acestor bariere și să ne deschidem către noi oportunități și experi
ente. Este important să ne acordăm timp și spațiu să explorăm gândurile noastre limitative și să le schimbăm în mod activ, astfel încât să ne putem trăi viața într-un mod mai echilibrat și mai împlinit.

În acest studiu de caz, ne propunem să explorăm conceptul de limitări mentale și să analizăm impactul lor asupra vieții noastre. Vom examina câteva situații specifice în care aceste limite pot fi identificate și vom discuta modalitățile prin care putem să le depășim și să ne eliberăm potențialul maxim.

Conceptul de limite mentale

Limitările mentale pot avea diverse forme și pot afecta diferite aspecte ale vieții noastre. Ele pot fi rezultatul unor experiențe negative din trecut, cum ar fi eșecuri repetate sau critici constant de la cei din jur. De asemenea, ele pot fi și produsul unei gândiri limitate sau a unui sistem de credințe restrictive despre propria capacitate sau valoare.

În multe cazuri, limitele mentale pot fi o formă de auto-sabotaj, în care ne autolimităm și ne reducem șansele de succes din cauza fricilor, îndoielilor sau a lipsei de încredere în sine. Ele pot lua forma unor gânduri precum "nu sunt suficient de bun", "nu sunt destul de inteligent" sau "nu am ce îmi trebuie pentru a reuși".

Impactul limitărilor mentale asupra vieții noastre.

Limitările mentale pot avea un impact semnificativ asupra vieții noastre, întrucât ele ne pot bloca în a ne atinge potențialul maxim și a ne atinge obiectivele. Ele pot împiedica dezvoltarea personală și profesională, pot limita oportunitățile pe care le explorăm și pot afecta relațiile noastre cu ceilalți.

Unul dintre cele mai mari efecte ale limitărilor mentale este frâna pe care o pun asupra asumării de riscuri și a ieșirii din zona de confort. Atunci când ne impunem limite mentale, ne ferim să explorăm noi oportunități sau să încercăm lucruri noi, din frică de eșec sau de respingere. Acest lucru poate duce la stagnare și lipsă de progres în viață.

De asemenea, limitele mentale pot influența negativ modul în care ne raportăm la noi înșine și la ceilalți. Ele pot determina un nivel scăzut de încredere în sine, o autoevaluare negativă și un sentiment de neputință. Aceste aspecte pot afecta relațiile noastre cu ceilalți și pot împiedica creșterea și dezvoltarea personală.

Exemplu: Limitările mentale în carieră

Pentru a ilustra impactul limitărilor mentale asupra vieții noastre, să luăm exemplul unui individ care se confruntă cu astfel de limite în domeniul carierei. Să presupunem că acest individ își dorește să își schimbe cariera și să exploreze alte oportunități, dar se simte blocat de gânduri precum "nu am experiență suficientă", "nu sunt destul de calificat" sau "nu voi putea face față unui mediu de lucru nou".

Aceste gânduri reprezintă limite mentale care împiedică individul să îți urmărească visul de a-și schimba cariera și de a se dezvolta profesional. Ele îl țin blocat într-o zona de confort confortabilă, lăsându-l nefericit și nesatisfăcut de munca sa actuală.

Impactul acestor limite mentale este vizibil în mai multe aspecte ale vieții individului. În primul rând, el își va pierde din oportunitățile de creștere și dezvoltare profesională, deoarece nu va îndrăzni să exploreze noi domenii sau să își asume riscuri în carieră. Acest lucru poate duce la stagnare și insatisfacție la locul de muncă.

Limitele mentale pot afecta și relațiile individului cu colegii și superiorii săi.

Lipsa de încredere în sine și de autoevaluare pozitivă îl pot face să se simtă nesigur în relațiile profesionale și să își pună la îndoială capacitățile și contribuția sa la echipă. Modalități de depășire a limitărilor mentale Cu toate că limitările mentale pot părea dificil de depășit, există modalități eficiente prin care putem să ne eliberăm de constrângerile mentale și să ne atingem potențialul maxim.

Iată câteva strategii pe care le putem folosi pentru a depăși limitările mentale:

- Conștientizarea și recunoașterea limitărilor mentale.

Primul pas în depășirea limitărilor mentale este conștientizarea acestora și recunoașterea efectelor pe care le au asupra vieții noastre. Identificarea gândurilor sau comportamentelor limitative este crucială pentru a putea să le abordăm și să le depășim. Un profesionist în domeniu poate oferi tehnici și instrumente practice pentru a-ți elibera potențialul și a-ți atinge obiectivele.

- Practicarea auto-reflecției și a conștienței de sine.

 Auto-reflecția și conștiența de sine sunt instrumente puternice în depășirea limitărilor mentale. Prin analizarea gândurilor, emoțiilor și comportamentelor noastre, putem identifica modelele limitative și să le schimbăm în mod conștient.

- Încurajarea gândirii pozitive și a autocunoașterii.

Gândirea pozitivă și autocunoașterea sunt elemente cheie în depășirea limitărilor mentale. Prin cultivarea unei perspective optimiste și a unei imagini pozitive despre noi înșine, putem să ne transformăm credințele limitante și să ne eliberăm de constrângerile mentale.

- Asumarea de noi provocări și explorarea de noi oportunități.

Pentru a depăși limitările mentale, este important să ieșim din zona de confort și să ne asumăm provocări noi. Prin explorarea de noi oportunități și abordarea unor sarcini sau activități care ne fac să ne simțim nesiguri, putem să ne întindem limitele și să ne dezvoltăm în mod constant.

- Învățarea continuă și dezvoltarea personală.

Investiția în învățare continuă și dezvoltare personală este esențială în depășirea limitărilor mentale. Căutarea de noi cunoștințe și abilități, participarea la cursuri de formare sau evenimente de dezvoltare personală ne pot ajuta să ne extindem orizonturile și să ne dezvoltăm competențele necesare pentru a ne atinge potențialul maxim.

- Construirea unei rețele de suport și încurajare.

O rețea de suport formată din prieteni, familie, colegi sau mentori poate fi de mare ajutor în depășirea limitărilor mentale. Prin împărtășirea experiențelor și gândurilor cu cei din jurul nostru, putem primi sprijin, încurajare și perspectivă nouă asupra situației noastre.

Limitările mentale reprezintă obstacole interne care ne pot împiedica să ne atingem potențialul maxim și să ne trăim viața în mod autentic și împlinit.

Ele pot avea un impact semnificativ asupra vieții noastre, influențând deciziile pe care le luăm, oportunitățile pe care le explorăm și felul în care ne dezvoltăm personal și profesional.Înțelegerea și depășirea acestor limite mentale necesită efort și angajament din partea noastră, dar beneficiile obținute în urma acestui proces pot fi de neprețuit. Prin conștientizarea și recunoașterea limitărilor noastre, lucrul cu un coach sau terapeut, cultivarea gândirii pozitive și asumarea de noi provocări, putem să ne eliberăm de constrângerile mentale și să ne trăim viața într-un mod autentic și liber.

"Limitările noastre mentale sunt doar o iluzie. Dacă credem că ceva este imposibil, atunci cu siguranță va deveni așa pentru noi."
- Albert Einstein

CAPITOLUL 2

Identificarea limitărilor mentale.
- Cum să recunoaștem și să conștientizăm limitările mentale pe care le avem.

Limitările mentale reprezintă acele bariere sau constrângeri psihologice sau cognitive care ne pot împiedica să ne atingem potențialul maxim sau să ne îndeplinim obiectivele. Aceste limitări pot fi cauzate de diverse factori, cum ar fi traume din trecut, credințe limitative, frici iraționale sau blocaje emoționale. Identificarea acestor limitări mentale este un prim pas important în depășirea lor și în creșterea persoanlă.

Una din principalele limitări mentale este frica. Frica este un mecanism de apărare natural al creierului nostru, care ne protejează de potențiale pericole sau amenințări. Cu toate acestea, uneori frica poate deveni excesivă sau irațională, împiedicându-ne să ne asumăm riscuri sau să ne încercăm noi activități.
De exemplu, frica de eșec poate să ne împiedice să ne urmăm visurile sau să explorăm noi oportunități.

Un alt tip de limitare mentală este reprezentat de credințele limitative. Acestea sunt gânduri sau convingeri negative despre noi înșine sau despre lumea din jur, care ne pot influența comportamentul și deciziile. De exemplu, o persoană care crede că nu este destul de inteligentă sau destul de talentată va avea mai multă tendință să se auto-saboteze sau să se auto-limiteze în proiectele sau relațiile sale.

 - Traumele din trecut pot, de asemenea, să creeze limitări mentale. Experiențele dureroase sau traumatice pe care le-am trăit în copilărie sau în trecut ne pot influența modul în care ne percepem pe noi înșine și pe ceilalți, ducând la comportamente defensive, relații disfuncționale sau stări de anxietate și depresie. Identificarea și vindecarea acestor traume este esențială pentru a ne elibera de limitările mentale pe care le-au creat.

 - Blocajele emoționale sunt de asemenea o formă comună de limitare mentală. Emoțiile intense cum ar fi furia, tristețea sau teama pot să ne împiedice să gândim rational sau să luăm decizii adecvate. De exemplu, o persoană care nu știe să gestioneze furia sau anxietatea poate să se confrunte cu dificultăți în relații sau la locul de muncă.

Identificarea acestor limitări mentale poate fi un proces dificil și uneori dureros. Este important să avem răbdare și compasiune față de noi înșine în timp ce explorăm aceste aspecte sensibile ale sinelui nostru. Un prim pas util în identificarea limitărilor mentale este autocunoașterea. Este important să ne observăm gândurile, emoțiile și comportamentele și să încercăm să înțelegem motivele din spatele lor.

Un alt pas important în identificarea limitărilor mentale este să căutăm feedback și perspectiva altora. Prietenii, familia sau terapeuții pot să ne ofere o viziune obiectivă asupra a ceea ce ne limitează și să ne ofere suport în depășirea acestor blocaje. De asemenea, este util să citim cărți de dezvoltare personală sau să participăm la seminarii și workshop-uri care ne pot ajuta să ne conștientizăm și să ne depășim limitările mentale.

Important în identificarea limitărilor mentale este să fim deschiși și curioși să ne explorăm propriile limite și să fim dispuși să ne confruntăm cu emoțiile neplăcute sau cu adevărurile dureroase despre noi înșine.

Este important să ne împingem în afara zonei noastre de confort și să ne asumăm riscuri pentru a ne depăși limitele mentale.

 - O altă metodă utilă în identificarea limitărilor mentale este să ținem un jurnal de reflecție în care să notăm gândurile, emoțiile și experiențele noastre zilnice. Acest lucru ne poate ajuta să observăm modele sau tendințe negative în comportamentul nostru și să identificăm sursa acestor limitări mentale.

Este important să ne amintim că identificarea limitărilor mentale este doar primul pas în procesul de depășire a acestora. Este important să ne creăm un plan de acțiune și să ne angajăm în practici și exerciții care să ne ajute să ne depășim aceste blocaje. De exemplu, terapia cognitiv-comportamentală poate fi utilă în schimbarea gândirii negative și în depășirea fricilor iraționale.

Practicarea meditație poate fi folositoare în gestionarea emoțiilor intense și în creșterea conștientizării de sine. Exercițiile de vizualizare și afirmare pozitivă pot să ne ajute să ne reprogramăm creierul pentru succes și să ne creștem încrederea în sine.

Identificarea limitărilor mentale este un proces esențial în dezvoltarea personală și în atingerea potențialului maxim. Este important să fim conștienți de gândurile, emoțiile și comportamentele noastre și să avem curajul să explorăm și să depășim aceste blocaje mentale. Cu răbdare, susținere și angajament în practici de creștere personală, putem să ne depășim limitele mentale și să ne transformăm viețile în direcția dorită

.Recunoașterea limitărilor mentale este un pas crucial în dezvoltarea personală și îmbunătățirea capacității noastre de a ne confrunta cu provocările vieții. Admiterea că avem anumite blocaje sau constrângeri mentale poate fi dificilă, deoarece adesea ne identificăm foarte mult cu aceste modele de gândire și comportament. Cu toate acestea, odată ce ne dăm seama de ele, putem începe să lucrăm pentru a le depăși și a depăși limitările noastre personale.

Iată câțiva pași pentru a recunoaște și conștientiza limitările mentale pe care le avem:

- Auto-reflecția.

Un prim pas important în recunoașterea limitărilor mentale este auto-reflecția. Acest lucru implică luarea timpului pentru a examina propriile gânduri, emoții și comportamente și pentru a identifica modele nesănătoase sau constrângeri mentale. Întrebările pe care ne putem pune în timpul auto-reflecției pot include: Care sunt credințele mele limitative despre mine însumi sau despre lume? Care sunt temerile și anxietățile pe care le-am întâmpinat în ultima vreme? În ce domenii ale vieții mele simt că mă blochez sau că nu progresez?

- Observarea reacțiilor noastre.

Un alt mod eficient de a recunoaște limitările mentale este de a observa reacțiile noastre la diferite situații și stimulente. De exemplu, dacă avem o reacție puternică de anxietate sau frică în anumite situații, aceasta ar putea indica o limitare mentală legată de încrederea în sine sau de teama de eșec.

De asemenea, reacțiile noastre la feedbackul sau la critica pot dezvălui anumite blocaje mentale, cum ar fi teama de a fi respins sau de a nu fi suficient de bun.

- Identificarea tiparelor mentale. Încercarea de a identifica tiparele mentale recurente este un alt pas important în recunoașterea limitărilor noastre. Acest lucru poate include identificarea unor gânduri negative repetitive, cum ar fi "nu sunt destul de bun" sau "nu merit să reușesc", sau tipare de comportament care ne limitează, cum ar fi evitarea riscului sau a schimbării. Identificarea acestor tipare ne poate ajuta să înțelegem mai bine ce ne împiedică să ne atingem potențialul și să lucrăm pentru a le depăși.

- Conștientizarea influențelor din trecut Adesea, limitările mentale pe care le avem sunt rezultatul influențelor din trecut, cum ar fi experiențele traumtizante sau mesajele negative primite în copilărie. Conștientizarea și înțelegerea modului în care aceste influențe din trecut ne afectează gândirea și comportamentul actual ne pot ajuta să recunoaștem și să depășim aceste limitări mentale.

De exemplu, un adult care a fost criticat sau neglijat în copilărie ar putea avea o credință profundă că nu merită iubire sau succes, ceea ce îl limitează în relațiile și în carieră.

- Acceptarea vulnerabilităților și a defectelor noastre.

O parte importantă a recunoașterii limitărilor mentale este acceptarea faptului că suntem imperfecți și că avem vulnerabilități și defecte. Acest lucru nu înseamnă că trebuie să ne complacem în ele sau să le ignorăm, ci că trebuie să le recunoaștem și să le acceptăm pentru a putea lucra la ele și a le depăși. Acceptarea și învățarea să ne iubim și să ne acceptăm pe noi înșine așa cum suntem sunt aspecte cheie în procesul de creștere și dezvoltare personală.

- Căutarea ajutorului profesional.

Recunoașterea și depășirea limitărilor mentale nu este un proces ușor și uneori poate fi benefic să căutăm ajutorul unui profesionist. Acești profesioniști pot oferi o perspectivă exterioară obiectivă și expertiză în depășirea blocajelor mentale, precum și tehnici și strategii practice pentru a ne ajuta să ne depășim limitele.

Exemple de limitări mentale și moduri de recunoaștere și depășire a acestora:

- Perfecționismul.

Un exemplu comun de limitare mentală este perfecționismul, care poate împiedica o persoană să își atingă potențialul maxim din cauza temerii de a nu fi perfect. Recunoașterea acestui tipar mental poate începe prin observarea reacțiilor la eșec sau la critici și prin conștientizarea gândurilor rigide și auto-critice. Pentru a depăși perfecționismul, este important să învățăm să acceptăm imperfecțiunea și să ne concentrăm pe progresul și îmbunătățirea constantă, în loc de perfecțiune absolută.

- Gândirea negativă

Altă limitare mentală comună este gândirea negativă, care poate afecta stima de sine și capacitatea de a face față provocărilor în mod optimist și constructiv. Pentru a depăși gândirea negativă, putem folosi tehnici de restructurare cognitivă, cum ar fi înlocuirea gândurilor negative cu gânduri pozitive și raționale și practicarea recunoașterii și aprecierii aspectelor pozitive ale vieții noastre.

- Teamă de eșec

Frica de eșec poate fi o altă limitare mentală puternică care poate împiedica o persoană să își asume riscuri sau să își urmeze pasiunile și visele. Recunoașterea acestei temeri poate începe prin observarea reacțiilor de evitare a riscului și a confortului și conștientizarea gândurilor și emoțiilor asociate cu această frică. Pentru a depăși teama de eșec, putem folosi tehnici de gestionare a stresului și anxietății, cum ar fi respirația profundă și meditația, și să ne confruntăm gradual cu situațiile care ne provoacă această temere, pentru a ne construi încrederea și reziliența.

Recunoașterea și depășirea limitărilor mentale nu este un proces rapid sau ușor, dar este unul esențial în dezvoltarea personală și în atingerea potențialului nostru maxim. Prin auto-reflecție, observare atentă a reacțiilor noastre, identificarea tiparelor mentale și acceptarea vulnerabilităților noastre, putem să ne confruntăm cu aceste blocaje și să lucrăm la depășirea lor, pentru a ne transforma și a ne dezvolta în ființe mai libere, mai echilibrate și mai fericite.

Conștientizarea limitărilor mentale este un pas important în evoluția și dezvoltarea personală a fiecăruia dintre noi. Este esențial să ne cunoaștem propriile limite, să înțelegem cum ne afectează acestea și cum putem să le depășim pentru a ajunge la potențialul nostru maxim. În acest articol, vom explora diverse surse de limitări mentale și cum putem să le recunoaștem pentru a le depăși.

Limitările mentale pot fi cauzate de mai multe factori, cum ar fi experiențele noastre trecute, propria noastră perspectivă asupra lumii, fricile și îndoielile noastre interioare sau așteptările și presiunea pe care le simțim de la ceilalți. Aceste limitări ne pot împiedica să ne atingem obiectivele și să ne realizăm potențialul, deoarece ne pot bloca mental și emoțional în calea noastră.

Una dintre cele mai importante modalități de a conștientiza limitările mentale este auto-reflecția și auto-observația. Prin observarea propriilor gânduri, emoții și comportamente, putem identifica modelele negative și fricile care stau la baza acestora. De exemplu, o persoană ar putea să își dea seama că se auto-sabotează din cauza fricilor lor interioare de eșec sau de respingere.

Prin recunoașterea acestor frici și conștientizarea modului în care acestea le afectează deciziile și acțiunile, persoana poate să își depășească aceste limitări mentale și să își atingă obiectivele propuse. În plus, o altă modalitate eficientă de a conștientiza și de a depăși limitările mentale este să ne uităm la modul în care ne comportăm în situații de stres sau provocări. De exemplu, dacă o persoană se simte blocată într-un anumit domeniu sau evită să își asume riscuri, ar putea fi un semn că are o limitare mentală legată de frica de eșec sau de necunoscut. Prin conștientizarea acestui comportament și investigarea motivelor care stau la baza acestuia, persoana poate să își dea seama de limitele lor mentale și să își dezvolte strategii pentru a le depăși.

În continuare, vom explora mai detaliat câteva exemple de limitări mentale comune și modalități de a le conștientiza și de a le depăși:

- Frica de eșec.
Una dintre cele mai comune limitări mentale este frica de eșec. Această frică poate fi cauzată de experiențe trecute de eșec sau

critică, de așteptările prea ridicate pe care ni le punem sau presiunea socială de a reuși. Pentru a conștientiza această limitare mentală, este important să ne uităm la modul în care această frică ne afectează luările de decizie și acțiunile noastre. De exemplu, o persoană care evită să își asume riscuri sau să își încerce noi lucruri ar putea fi limitată de frica de eșec. Pentru a depăși această limitare mentală, este important să ne gândim la faptul că eșecurile sunt parte naturală a procesului de învățare și de creștere și să ne concentrăm pe învățările și oportunitățile pe care le pot aduce.

- Gândirea rigidă.

Unele persoane pot fi limitate de gândirea lor rigidă și inflexibilă, care le împiedică să își adapteze perspectivele și să găsească soluții noi la problemele lor. Pentru a conștientiza această limitare mentală, este important să ne uităm la modul în care gândurile noastre rigide ne împiedică să găsim soluții la problemele noastre sau să ne adaptăm la schimbările din viața noastră.

De exemplu, o persoană care insista să trăiască după anumite norme și așteptări sociale ar putea fi limitată de gândirea lor rigidă.

Pentru a depăși această limitare mentală, este important să ne deschidem la noi perspective, să explorăm idei noi și să fim flexibili în modul în care gândim și acționăm.

- Autocriticul intern.

Unele persoane pot fi limitate de propria lor voce critică internă, care le sabotează încrederea în sine și îi descurajează să își încerce lucruri noi. Pentru a conștientiza această limitare mentală, este important să ne uităm la modul în care gândurile negative și autocriticul nostru intern ne afectează starea de spirit și luările noastre de decizie. De exemplu, o persoană care se critică constant și își pune la îndoială propriile abilități ar putea fi limitată de autocriticul lor intern. Pentru a depăși această limitare mentală, este important să ne concentrăm pe recunoașterea și aprecierea calităților noastre și să ne construim cultul de sine pozitiv.

- Zona de confort.

Unele persoane pot fi limitate de zona lor de confort, care îi ține departe de provocările și schimbările care ar putea să îi ajute să se dezvolte și să crească personal și profesional.

Pentru a conștientiza această limitare mentală, este important să ne uităm la modul în care ne simțim confortabil în rutina noastră și să ne evităm situațiile de risc și provocare. De exemplu, o persoană care evită să își asume riscuri sau să își încerce lucruri noi ar putea fi limitată de zona lor de confort. Pentru a depăși această limitare mentală, este important să ne antrenăm să îndrăznim, să ieșim din rutina noastră și să ne asumăm riscuri noi pentru a ne extinde limitele și a ne descoperi potențialul.

Prin auto-reflecție și observație atentă a propriilor gânduri, emoții și comportamente, putem identifica modelele negative și fricile care ne limitează și să găsim modalități de a le depăși. Prin recunoașterea fricilor noastre interioare, a gândirii noastre rigide, a autocriticului intern sau a zonei noastre de confort, putem să ne eliberăm de limitele noastre mentale și să ne asumăm provocările cu o atitudine deschisă și curajoasă. Este important să fim în permanență conștienți de propriile noastre limitări și să lucrăm constant pentru a le depăși și pentru a ne atinge potențialul maxim.

Iată 10 strategii pe care le putem folosi pentru identificarea limitărilor mentale.

1. **Auto-reflecție constantă**: să ne analizăm gândurile, emoțiile și acțiunile pentru a identifica eventualele limite mentale.
Exemplu: Putem ține un jurnal în care scriem despre gândurile și emoțiile noastre zilnice pentru a identifica tipare sau comportamente care ne limitează.

2. **Întreabă-te de ce**: să ne punem întrebări pentru a înțelege motivele care stau în spatele limitelor mentale.
Exemplu: Dacă simțim că ne temem să încercăm ceva nou, putem să ne întrebăm de ce ne simțim așa și să explorăm răspunsurile pentru a identifica sursele de frică sau nesiguranță.

3. **Caută feedback și opinii externe**: să cerem părerile altora pentru a obține o perspectivă obiectivă asupra limitelor noastre mentale.
Exemplu: Putem cere feedback de la colegi sau prieteni atunci când simțim că ne confruntăm cu o limitare mentală pentru a obține sugestii pentru depășirea ei.

4. Ieși din zona de confort: să încercăm lucruri noi și să ne expunem la situații care ne pot provocă limitele mentale.
Exemplu: Participarea la cursuri sau workshop-uri în domenii noi sau acceptarea provocărilor care ne pun la încercare implicit limitele mentale existente.

5. Practică meditația: să ne concentrăm pe prezent și să ne antrenăm mintea pentru a deveni conștienți de limitele noastre mentale.
Exemplu: Practicarea meditației ne poate ajuta să reducem anxietatea și stresul care pot fi factori ce contribuie la apariția limitelor mentale.

6. Întărește-ți încrederea în sine: să ne punem în valoare abilitățile și să avem încredere în capacitățile noastre pentru a depăși limitele mentale.
Exemplu: Recunoașterea și celebrarea succeselor mici sau mari ne pot ajuta să ne creștem încrederea în sine și să depășim obstacolele mentale.

7. **Eliberează-te de așteptări sau prejudecăți limitante**: să renunțăm la ideile prestabilite sau la standardele nerealiste pentru a ne elibera de limitele mentale.
Exemplu: Să deconstruim și să ne întrebăm de ce anumite idei sau standarde ne limitează și să le înlocuim cu perspective mai deschise și tolerante.

8. **Adoptă o atitudine deschisă și pozitiva**: să avem o mentalitate orientată către învățare și dezvoltare personală pentru a depăși limitele mentale și a evolua continuu.
Exemplu: Să privim eșecurile sau obstacolele ca pe oportunități de învățare și creștere și să fim deschiși la îmbunătățirea constantă a noastră.

9. **Colaborează cu un coach sau terapeut**: să cerem ajutorul unui profesionist pentru a identifica și depăși limitările mentale care ne afectează.
Exemplu: Terapia cognitiv-comportamentală sau coaching-ul pot fi instrumente eficiente în procesul de conștientizare și depășire a limitelor mentale.

10. **Fii deschis la schimbare și adaptare**: să fim flexibili și deschiși la schimbările care pot contribui la depășirea limitelor mentale. Exemplu: Dacă identificăm o limitare mentală legată de rigiditate sau frica de schimbare, putem să luăm măsuri pentru a ne antrena să fim mai flexibili și adaptați la situații noi.

CAPITOLUL 3

Cauzele limitărilor mentale.
- Analizarea factorilor care contribuie la apariția acestor blocaje.

Limitările mentale pot fi cauzate de o varietate de factori care afectează funcționarea normală a creierului și a gândirii unei persoane. Aceste limitări pot fi determinate de mai multe elemente, cum ar fi mediu ambiant, condiționare socială, moștenire genetică sau experiențe traumtice din trecut. În acest articol, vom explora mai multe cauze ale limitărilor mentale și modul în care acestea pot influența capacitatea unei persoane de a gândi, de a învăța și de a se comporta.

Unul dintre factorii principali care pot contribui la limitările mentale este educația și mediul în care o persoană este crescută. Dacă cineva este crescut într-un mediu care nu încurajează gândirea critică, creativitatea sau explorarea mentală, este posibil să dezvolte anumite limite în ceea ce privește capacitatea de a gândi în mod independent sau de a învăța lucruri noi.

De asemenea, condiționările sociale și culturale pot influența modul în care o persoană percepe lumea și își pune limite asupra propriilor abilități mentale.

 Moștenirea genetică este un alt factor important care poate contribui la limitările mentale.Există anumite afecțiuni și tulburări genetice care pot afecta funcționarea normală a creierului și pot determina apariția unor limitări mentale.

De exemplu, persoanele cu sindrom Down sau alte tulburări genetice pot avea dificultăți în învățarea unor lucruri noi sau în rezolvarea problemelor cognitive.

Experiențele traumtice din trecut pot reprezenta o altă cauză importantă a limitărilor mentale. Acestea pot influența modul în care o persoană percepe lumea și poate determina apariția unor blocaje mentale sau a unor frici iraționale care îi pot afecta capacitatea de a gândi și de a lua decizii în mod eficient.

De exemplu, persoanele care au suferit abuzuri în copilărie sau au fost implicate în incidente traumatizante pot dezvolta anumite anxietăți sau depresii care le limitează capacitatea de a funcționa normal în societate.

Factori precum stresul, anxietatea, depresia și alte tulburări psihiatrice pot contribui, de asemenea, la apariția limitărilor mentale. Aceste condiții pot afecta capacitatea unei persoane de a se concentra, de a învăța lucruri noi sau de a interacționa eficient cu ceilalți. De asemenea, ele pot determina apariția unor blocaje mentale sau a unor gânduri negative care împiedică o persoană să își atingă potențialul maxim.

Consumul de substanțe psihoactive, cum ar fi drogurile sau alcoolul, poate afecta funcționarea normală a creierului și poate determina apariția unor limite mentale. Aceste substanțe pot afecta neurotransmițătorii din creier și pot provoca modificări chimice care afectează capacitatea de gândire, concentrare și memorare a unei persoane. Consumul excesiv de substanțe psihoactive poate determina apariția unor deficiențe cognitive și poate afecta capacitatea de învățare și de adaptare a unei persoane.
Există o varietate de factori care pot contribui la apariția limitărilor mentale.

Educația și mediul în care o persoană este crescută, moștenirea genetică, experiențele traumtice, stresul, anxietatea, depresia, consumul de substanțe psihoactive, toate acestea pot juca un rol important în determinarea capacității unei persoane de a gândi și de a acționa în mod eficient. Este important să se conștientizeze aceste factori și să se încerce să se gestioneze în mod adecvat pentru a preveni apariția limitărilor mentale și pentru a îmbunătăți capacitatea de gândire și de învățare a fiecărei persoane.

Daca ar fi sa facem o clasificare a celor 5 cauze de baza ale limitărilor mentale, obținem astfel:

1. Factori genetici și ereditari.
Una dintre principalele cauze ale limitărilor mentale sunt factorii genetici și ereditari. Există anumite tulburări genetice care pot afecta dezvoltarea cognitive a unei persoane, cum ar fi sindromul Down, sindromul Williams sau tulburarea întârzierii mintale. Aceste condiții sunt determinate de mutații genetice și pot afecta capacitatea unei persoane de a învăța, de a comunica sau de a se adapta la mediul înconjurător.

2. Factori pre și post-natali.
Pe lângă factorii genetici, există și factori pre și post-natali care pot influența dezvoltarea cognitivă a unei persoane. Exemple de factori pre-natali includ expunerea la substanțe toxice sau alcool în timpul sarcinii, subnutriția maternă sau traumatismele în timpul nașterii. Acești factori pot afecta creșterea și dezvoltarea creierului în perioada prenatală și pot duce la probleme cognitive și de învățare pe termen lung.

3. Mediu de viață și condiții sociale.
Mediul în care trăiește o persoană și condițiile sociale în care se dezvoltă pot avea, de asemenea, un impact semnificativ asupra capacităților mentale. Persoanele care cresc în medii defavorizate sau care trăiesc în condiții de sărăcie sau de abuz pot fi expuse la un nivel ridicat de stres, traume sau neglijență, ceea ce poate afecta dezvoltarea cognitive și emoțională a acestora. De asemenea, accesul limitat la resurse educative sau de sănătate poate duce la întreruperea învățării și la limitarea potențialului unei persoane.

4. Traume și experiențe negative.
Traumele sau experiențele negative din copilărie sau din viața adultă pot avea un impact puternic asupra sănătății mentale a unei persoane. Abuzul fizic, emoțional sau sexual, neglijența, pierderea unui membru al familiei sau a unui prieten apropiat, conflictul în relații sau alte evenimente traumatice pot cauza stres cronic, anxietate, depresie sau alte tulburări psihologice care afectează capacitatea de concentrare, învățare, memorie sau luare de decizii.

5. Condiții medicale și boli mentale.
Anumite condiții medicale sau boli mentale pot fi, de asemenea, cauze ale limitărilor mentale.
De exemplu, o tumoare cerebrală, un accident vascular cerebral, epilepsia sau alte afecțiuni neurologice pot produce deficite cognitive sau de învățare. De asemenea, tulburările psihice precum depresia, tulburarea de anxietate, tulburarea bipolară sau schizofrenia pot afecta funcționarea cognitivă a unei persoane și pot limita capacitatea acesteia de a se descurca în viață de zi cu zi.

Blocarea mentală este o situație în care simțim că ne aflăm în impas și nu putem progresa în rezolvarea unei probleme sau în realizarea unei activități. Aceasta poate afecta capacitatea noastră de gândire și luare a deciziilor și poate apărea în diferite contexte, cum ar fi la locul de muncă, în relațiile interpersonale sau în procesul de învățare.

Există mai mulți factori care pot contribui la apariția blocajelor mentale și este important să îi recunoaștem și să îi înțelegem pentru a găsi modalități eficiente de depășire a lor. Unul dintre acești factori este stresul, care poate apăsa asupra noastră și poate afecta capacitatea noastră de concentrare și de rezolvare a problemelor. Atunci când suntem stresați, creierul nostru poate intra într-o stare de alarmă și poate fi dificil să găsim soluții în mod creativ și eficient.

 - Lipsa de încredere în sine este un alt factor care poate contribui la apariția blocajelor mentale. Atunci când ne simțim nesiguri sau neîncrezători în abilitățile noastre, putem să ne blocheze în procesul de luare a deciziilor și de acțiune.

Este important să lucrăm la cultivarea încrederii în sine și să ne recunoaștem și să ne valorizăm calitățile și realizările noastre pentru a depăși acest obstacol.

 - Teama de eșec, poate contribui la blocajele mentale. Uneori, ne putem teme să încercăm ceva nou sau să ne asumăm riscuri din cauza fricii de a nu reuși sau de a fi judecați de ceilalți. Această frică poate fi paralizantă și ne poate împiedica să ne dezvoltăm și să ne atingem potențialul maxim. Este important să înțelegem că eșecul face parte din procesul de învățare și că nu trebuie să ne lăsăm descurajați de acesta.

 - Obiceiurile și rutina zilnică, poate contribui la blocajele mentale. Atunci când cădem într-un tipar de gândire sau de comportament, putem să ne blocăm în aceste rutine și să avem dificultăți în a găsi soluții noi sau alternative la problemele cu care ne confruntăm. Este important să fim deschiși la schimbare și să căutăm modalități de a ne depăși limitele și de a ne dezvolta constant abilitățile noastre.

Un alt factor care poate contribui la blocajele mentale este lipsa de motivație și pasiune. Atunci când nu suntem angajați și interesați de ceea ce facem, putem să ne blocăm în activitățile noastre și să nu reușim să ne mobilizăm pentru a progresa și a ne atinge obiectivele. Este important să găsim lucruri care ne inspiră și ne motivează și să ne concentrăm pe ele pentru a depăși blocajele mentale.

Pentru a depăși aceste blocaje mentale, este important să fim conștienți de factorii care contribuie la apariția lor și să căutăm soluții eficiente pentru a le depăși. Unele strategii care ne pot ajuta în acest sens includ:

- Practicarea tehnicii de relaxare, cum ar fi meditația sau respirația profundă, pentru a reduce stresul și a ne relaxa mintea.

- Lucrul la îmbunătățirea încrederii în sine și recunoașterea valorilor personale pentru a câștiga încredere în abilitățile noastre.

- Abordarea cu curaj și deschidere a temerilor și a eșecurilor pentru a depăși blocajele mentale și a evolua personal și profesional.

- Încurajarea unei atitudini pozitive și optimiste pentru a ne motiva și a ne menține concentrați și focusați pe obiectivele noastre.

- Încercarea de lucruri noi și ieșirea din zona de confort pentru a ne stimula creativitatea și a ne ajuta să găsim soluții inovatoare la probleme.

Prin conștientizarea și gestionarea acestor factori care contribuie la apariția blocajelor mentale, ne putem dezvolta abilitățile de rezolvare a problemelor și de luare a deciziilor și putem progresa în mod eficient în viața noastră personală și profesională. Este important să fim deschiși la schimbare și să perseverăm în depășirea obstacolelor pentru a ne atinge potențialul maxim și a trăi o viață împlinită și satisfăcătoare.

Iată zece strategii eficiente pentru a analiza factorii care contribuie la apariția blocajelor mentale:

Blocajele mentale pot apărea din diverse motive și pot împiedica gândirea clară, luarea deciziilor sau rezolvarea problemelor. Pentru a le evita sau a le depăși, putem folosi diferite strategii și tehnici.

1. Identificarea și conștientizarea blocajelor mentale.
 - primul pas în depășirea blocajelor mentale este să le identificăm și să le conștientizăm. Aceasta înseamnă să ne dăm seama că avem un blocaj mental și să încercăm să înțelegem ce anume ne împiedică să gândim sau să acționăm în mod eficient.
De exemplu, dacă ne simțim blocați în procesul de luare a unei decizii importante, putem analiza ce anume ne împiedică să alegem și să identificăm motivele care stau la baza acestei blocaje.

2. Exprimarea emoțiilor și a gândurilor.
 - uneori blocajele mentale pot apărea din cauza faptului că nu reușim să ne exprimăm corect sau să comunicăm deschis ceea ce simțim și gândim.

Este important să ne permitem să vorbim despre emoțiile noastre și să ne eliberăm de presiunea internă.

De exemplu, dacă avem un blocaj mental în relația cu un coleg de muncă, putem încerca să comunicăm deschis cu el despre ceea ce simțim și să încercăm să rezolvăm conflictele într-un mod constructiv.

3. Relaxarea și meditația.
- stresul și anxietatea pot contribui în mod semnificativ la apariția blocajelor mentale. Prin urmare, este important să ne acordăm timp pentru relaxare și meditație, pentru a ne liniști mintea și a ne elibera de tensiunea acumulată.
De exemplu, putem adopta obiceiul de a medita zilnic pentru a ne concentra asupra prezentului și a ne elibera de grijile și tensiunile zilnice.

4. Exercițiile fizice și activitățile recreative.
 - mișcarea fizică și activitățile recreative pot contribui la eliberarea endorfinelor și la îmbunătățirea stării de spirit. Prin urmare, este important să ne implicăm în activități fizice și recreative care ne fac plăcere și ne ajută să ne relaxăm.

De exemplu, putem merge la sală, să facem yoga sau să ne dedicăm timpul liber activităților care ne relaxează și ne fac să ne simțim bine.

5. Gândirea pozitivă.
- gândirea negativă poate crea blocaje mentale și poate împiedica procesul de luare a deciziilor sau rezolvarea problemelor. Prin urmare, este important să ne antrenăm să avem o atitudine pozitivă și să ne concentrăm asupra aspectelor bune din viața noastră. De exemplu, putem ține un jurnal de recunoștință în care notăm zilnic lucrurile pentru care suntem recunoscători și să ne concentrăm asupra aspectelor pozitive din viața noastră.

6. Încurajarea creativității.
- creativitatea poate ajuta la depășirea blocajelor mentale și la găsirea unor soluții inovatoare la problemele cu care ne confruntăm. Este important să ne încurajăm să explorăm idei noi și să găsim modalități creative de a rezolva provocările cu care ne confruntăm.De exemplu, putem folosi tehnici de brainstorming sau să ne implicăm în activități artistice care să ne stimuleze creativitatea și imaginația.

7. Colaborarea cu alți oameni.

- uneori blocajele mentale pot fi depășite mai ușor în colaborare cu alți oameni. Este important să cerem ajutor și să căutăm sprijin din partea celor din jur pentru a ne susține în procesul de depășire a blocajelor mentale.

De exemplu, putem cere păreri și sugestii altor persoane în momentele în care ne simțim blocați și să lucrăm împreună pentru găsirea unor soluții eficiente.

8. Stabilirea unor obiective clar definite.

- uneori blocajele mentale pot apărea din cauza faptului că nu avem clar stabilite obiectivele noastre și nu știm încotro ne îndreptăm. Prin urmare, este important să ne stabilim obiective clar definite și să ne concentrăm asupra lor pentru a ne motiva și a depăși blocajele mentale.

De exemplu, putem stabili un plan de acțiune pe termen scurt și pe termen lung pentru a ne atinge obiectivele și să ne motivăm în procesul de depășire a blocajelor mentale.

9. Învățarea continuă și dezvoltarea personală.
- îmbunătățirea abilităților și cunoștințelor noastre poate contribui la depășirea blocajelor mentale și la creșterea nivelului de încredere în sine. Este important să ne implicăm în învățare continuă și să ne dezvoltăm permanent pentru a ne depăși limitele mentale.
De exemplu, putem participa la cursuri și workshop-uri de dezvoltare personală sau să citim cărți și să învățăm în mod constant noi lucruri pentru a ne menține mintea ageră și creativă.

10. Acceptarea și adaptarea la schimbare.
- uneori blocajele mentale pot apărea din cauza faptului că refuzăm să acceptăm schimbările și să ne adaptăm la noile situații. Este important să fim deschiși la schimbare și să ne adaptăm la noile provocări pentru a depăși blocajele mentale.

De exemplu, putem fi flexibili și deschiși la noi idei și perspective și să ne adaptăm la schimbările din mediul nostru pentru a ne menține mintea ageră și creativă.

Pentru a analiza factorii care contribuie la apariția blocajelor mentale este important să ne conștientizăm emoțiile și gândurile, să ne relaxăm și să ne concentrăm asupra aspectelor pozitive din viața noastră, să încurajăm creativitatea și să colaborăm cu alți oameni, să stabilim obiective clar definite și să învățăm continuu și să ne dezvoltăm personal. Prin adoptarea acestor strategii și tehnici putem depăși blocajele mentale și să ne creștem nivelul de încredere și eficiență în gândirea și acțiunile noastre.

CAPITOLUL 4.

Mituri despre limitările mentale.

- Demontarea unor idei preconcepute legate de imposibilitatea de a depăși anumite obstacole.

Limitările mentale sunt acele bariere invizibile care ne pot împiedica să ne atingem potențialul maxim și să ne realizăm visele. Acestea pot fi create de propriile noastre gânduri negative, de experiențe trecute sau de influențele sociale din jurul nostru. Miturile despre limitările mentale sunt idei preconcepute și generalizate care pot limita capacitatea noastră de a crește, de a învăța și de a evolua. În acest eseu, vom explora câteva dintre aceste mituri și vom analiza cum acestea pot influența modul în care ne gestionăm gândurile și acțiunile.

Unul dintre cele mai comune mituri despre limitările mentale este ideea că inteligența este un dar cu care te naști și nu poate fi îmbunătățită. Acest mit sugerează că indivizii sunt limitați de nivelul lor actual de inteligență și că nu pot crește sau să-și dezvolte abilitățile cognitive. Cu toate acestea, cercetările recente în domeniul neuroștiințelor au arătat că creierul uman este plastic și poate să se adapteze și să se schimbe în funcție de experiențele și stimulii la care este supus. Prin urmare, este posibil ca oricine să-și îmbunătățească capacitatea de învățare și de rezolvare a problemelor prin exerciții mentale și prin stimularea creierului în mod constant.Un alt mit comun este că anumite persoane sunt destinat să fie de succes, în timp ce altele sunt condamnate la eșec din cauza circumstanțelor sau a genealogiei lor. Această credință sugerează că succesul este determinat în întregime de factori externi și că unele persoane sunt mai norocoase decât altele. Cu toate acestea, realitatea este că succesul este rezultatul unei combinații de factori, inclusiv efortul, pasiunea, determinarea și încrederea în sine. În plus, abilitățile de leadership, de comunicare și de gestionare a stresului pot fi învățate și dezvoltate în timp, ceea ce înseamnă că oricine poate atinge succesul în viață, indiferent de circumstanțele inițiale. Un alt mit popular este că emoțiile negative precum frica, anxietatea sau tristețea sunt semne de slăbiciune și trebuie ignorate sau suprimate. Acest mit sugerează că trebuie să fim puternici și să nu lăsăm să ne afecteze emoțiile în niciun fel.

Cu toate acestea, darurile de insecuritate sunt o parte naturală a experienței umane și pot oferi indicii valoroase despre nevoile noastre interioare și despre ceea ce trebuie să schimbăm pentru a ne îmbunătăți starea de bine. Ignorarea sau suprimarea emoțiilor negative poate duce la consecințe grave, cum ar fi stresul cronic, depresia sau dependența de substanțe, iar abordarea acestor emoții în mod sănătos și constructiv este crucială pentru sănătatea noastră mentală și emoțională.Un alt mit comun este ideea că lipsa de încredere în sine este un defect personal și că persoanele care se confruntă cu acest lucru sunt slabe sau incapabile să reușească. Realitatea este că lipsa de încredere în sine poate fi rezultatul unor experiențe trecute negative, a unor standarde nerealiste sau a comparării constant cu ceilalți. Este important să înțelegem că încrederea în sine poate fi dezvoltată și consolidată prin practică, autocunoaștere și acceptarea sinelui. Prin confruntarea cu temerile noastre și prin construirea unei imagini pozitive despre sine, putem învăța să ne apreciem și să ne respectăm nevoile noastre și să avem mai multă încredere în abilitățile noastre de a reuși.

Un alt mit despre limitările mentale este ideea că succesul este un scop în sine și că cei care nu ating succesul sunt inutili sau nerealizați. Realitatea este că succesul este subiectiv și poate fi definit în mod diferit de către fiecare individ în funcție de valorile, obiectivele și aspirațiile personale. Nu toată lumea își dorește să fie liderul unei corporații sau să câștige un premiu Nobel; unele persoane își doresc doar să fie fericiți, să își trăiască pasiunea sau să aibă o familie fericită. Este important să ne amintim că succesul poate fi găsit și în lucrurile mici și că fiecare reușită, indiferent de mărimea ei, contează și ar trebui să fie sărbătorită.Un alt mit comun este ideea că nu avem puterea să ne schimbăm gândurile sau comportamentele negative și că suntem predestinați să rămânem blocați în vechile modele de gândire. Adevărul este că putem schimba aceste modele limitative prin conștientizarea lor, prin învățarea unor abordări noi și prin practică constantă. Terapia cognitiv-comportamentală, meditația și autocunoașterea sunt doar câteva metode prin care putem identifica și să combatem gândurile și comportamentele negative și să le înlocuim cu obiceiuri sănătoase și pozitive.

Este important să ne amintim că suntem creatorii propriei noastre realități și că avem puterea de a ne schimba destinul printr-un efort pozitiv și consecvent.

Un alt mit despre limitările mentale este ideea că este imposibil să ne depășim propria zonă de confort și să ieșim din tiparele obișnuite de gândire și comportament. Adevărul este că creșterea personală și evoluția necesită să ieșim din zona noastră de confort și să ne confruntăm cu provocările și fricile noastre. Prin explorarea unor noi experiențe, învățarea unor abilități noi și acceptarea unor riscuri, putem să ne extindem limitele și să descoperim noi aspecte ale sinelui nostru. Este important să fim deschiși și receptivi la schimbare și să ne asumăm riscul de a eșua sau de a fi respinși în căutarea creșterii personale și a autodepășirii.Un alt mit comun este ideea că doar persoanele cu talent natural sau abilități extraordinare pot reuși în viață și că ceilalți sunt condamnați la mediocritate sau la eșec. Adevărul este că succesul este rezultatul muncii și dedicației constante, nu doar a talentului sau a abilităților naturale. Persoanele de succes sunt cele care depun efort suplimentar, care își stabilesc obiective clare și care nu se opresc niciodată din a încerca să își îmbunătățească abilitățile și să caute noi oportunități. Talentul natural poate fi un avantaj, dar este munca grea și determinarea care duc la succesul în viață. Un alt mit despre limitările mentale este ideea că suntem predestinați să fim un anumit fel și că nu putem scăpa de condiția noastră actuală. Adevărul este că avem controlul asupra propriului nostru destin și suntem responsabili de alegerile pe care le facem și de acțiunile pe care le întreprindem. Chiar dacă am crescut într-un mediu dificil sau am avut experiențe negative în trecut, putem să ne schimbăm viața și să ne îmbunătățim starea de bine prin perseverență, încredere în sine și ajutorul altora. Este important să ne amintim că suntem autorii propriei noastre povești și că putem crea un viitor luminos și plin de speranță prin acțiuni pozitive și construcția unor relații sănătoase cu ceilalți.

Miturile despre limitările mentale pot fi dăunătoare pentru dezvoltarea personală și profesională a individului. Este important să recunoaștem aceste credințe limitative și să le confruntăm cu raționalitate, autocunoaștere și flexibilitate mentală.

Prin conștientizarea și schimbarea gândurilor și comportamentelor negative, putem să ne eliberăm de barierele mentale și să ne atingem potențialul maxim în viață. Este esențial să ne amintim că suntem creatorii propriei noastre realități și că putem să ne schimbăm destinul prin efort, încredere și perseverență.

Imposibilitatea de a depăși anumite obstacole este un concept ce a fost încetățenit în mentalitatea multor persoane, fiind perceput ca o barieră insurmontabilă care le împiedică să-și atingă potențialul maxim. Această idee preconcepută este adesea alimentată de teama de eșec, lipsa încrederii în sine sau de diverse obstacole în calea succesului. Totuși, este important să ne dăm seama că aceste obstacole pot fi depășite și că fiecare persoană are capacitatea de a-și depăși limitele și de a-și atinge obiectivele, indiferent cât de greu ar părea.

Unul dintre cei mai mari factori care contribuie la limitarea noastră în fața obstacolelor este frica. Frica de eșec, de respingere, de necunoscut sau de schimbare poate să ne împiedice să ne asumăm riscuri și să explorăm noi posibilități. Însă este important să înțelegem că frica este doar o emoție care poate fi controlată și depășită prin conștientizare și acțiune. Frica nu ar trebui să ne dicteze deciziile sau să ne împiedice să ne urmărim visurile, ci ar trebui să ne motiveze să depășim obstacolele și să ne dezvoltăm în mod continuu.

Lipsa încrederii în sine este un alt factor care ne poate împiedica să depășim obstacolele. Când nu avem încredere în propriile noastre abilități și potențial, suntem mai predispuși să renunțăm în fața dificultăților sau să ne subestimăm capacitățile. Este esențial să ne recunoaștem valoarea și să ne motivăm să ne depășim limitele, încrederea în sine fiind cheia succesului în depășirea obstacolelor. În același timp, obstacolele în calea succesului pot fi percepute și ca o modalitate de a ne testa limitele și a ne dezvolta abilitățile. Fiecare dificultate întâmpinată reprezintă o oportunitate de învățare și creștere personală, iar modul în care reacționăm la aceste provocări ne definește caracterul și determină succesul nostru. Prin depășirea obstacolelor, ne putem dovedi nouă înșine că suntem capabili să facem față oricărei situații și să ne atingem obiectivele propuse.

De asemenea, un alt aspect important de luat în considerare este acela că obstacolele pot fi depășite prin planificare, determinare și perseverență. Este esențial să ne stabilim obiective clare, să identificăm soluțiile potrivite pentru depășirea obstacolelor și să ne concentram resursele și eforturile în direcția potrivită. Cu o atitudine pozitivă și o voință puternică de a reuși, putem depăși orice provocare și să ne atingem scopurile propuse.

Mai mult decât atât, este important să avem în vedere că succesul nu este împiedicat de obstacole, ci de felul în care le gestionăm și reacționăm la ele. Este esențial să ne adaptăm la situații noi, să fim flexibili și să găsim soluții inovatoare pentru a depăși obstacolele în calea succesului. Prin abordarea problemelor cu o minte deschisă, cu creativitate și încredere în propriile noastre capacități, putem depăși orice obstacol și să ne îndeplinim obiectivele.

 Ideea preconcepută că unele obstacole sunt insurmontabile este complet falsă, deoarece fiecare persoană are potențialul de a depăși limitele și de a-și atinge obiectivele, indiferent de dificultate.

Este important să ne conștientizăm fricile, să ne dezvoltăm încrederea în sine, să privim obstacolele ca pe o oportunitate de creștere și să abordăm problemele cu determinare și perseverență. Prin depășirea obstacolelor, ne putem transforma visurile în realitate și să trăim o viață împlinită și satisfăcătoare.Ideile preconcepute reprezintă concepte sau credințe fixe și stabile, adesea înrădăcinate în mințile oamenilor de foarte mult timp. Aceste idei pot fi legate de diverse domenii, precum educație, carieră, relații interpersonale sau chiar obstacolele pe care le întâmpinăm în viață. De multe ori, aceste idei preconcepute ne pot limita și ne pot împiedica să ne atingem potențialul maxim.

În acest context, demontarea acestor idei preconcepute este esențială pentru a ne depăși obstacolele și pentru a evolua. Există mai multe strategii eficiente pe care le putem folosi pentru a ne desprinde de aceste gânduri limitative și pentru a ne deschide noi perspective.

Mai jos, voi prezenta zece strategii pe care le putem aplica în acest sens:

1. Examinarea și conștientizarea ideilor preconcepute.
Primul pas în demontarea ideilor preconcepute este să le identificăm și să le conștientizăm. Ne putem întreba de unde provin aceste idei, de ce le considerăm adevărate și cum ne influențează ele gândirea și comportamentul. În momentul în care reușim să recunoaștem aceste idei, putem începe să le analizăm critic și să le punem sub semnul întrebării.
De exemplu, să presupunem că avem ideea preconcepută că nu putem să ne schimbăm cariera după vârsta de 40 de ani. Începem să ne întrebăm de ce credem acest lucru și dacă există argumente solide care să susțină această idee. Odată ce conștientizăm că această idee este doar un concept limitativ, putem începe să explorăm alternative și să ne deschidem către noi oportunități.

2.Analiza argumentelor împotriva ideilor preconcepute.
 O altă strategie eficientă în demontarea ideilor preconcepute este să analizăm argumentele împotriva acestora.

Astfel, putem începe să adunăm informații și dovezi care să contrazică convingerile noastre limitative. Este important să ne deschidem către diverse perspective și să căutăm argumente rationale care să ne susțină în contestarea acestor idei preconcepute.

De exemplu, să presupunem că avem ideea preconcepută că o persoană introvertită nu poate reuși într-un mediu de lucru extrovertit. Putem începe să adunăm exemple de persoane introvertite de succes și să observăm calitățile lor care le-au ajutat să-și atingă obiectivele.Putem să ne convingem că această idee preconcepută nu are o bază solidă și că nu trebuie să ne limiteze.

4. Ieșirea din zona de confort.
Pentru a demonta ideile preconcepute, este important să ne antrenăm în activități care să ne scoată din zona de confort. Atunci când ne expunem la noi experiențe și situații, ne putem confrunta cu realități care contrazic convingerile noastre limitative. Prin explorarea unor teritorii necunoscute, putem căpăta încredere în capacitățile noastre și putem descoperi că suntem capabili să depășim obstacolele care ne stau în cale.

De exemplu, dacă avem ideea preconcepută că nu putem învăța o limbă străină după vârsta de 30 de ani, putem începe să studiem această limbă și să ne implicăm în conversații cu vorbitori nativi. Ne vom da seama că, de fapt, capacitatea noastră de învățare nu are limite de vârstă și că suntem capabili să ne perfecționăm în continuare.

5. Practicarea gândirii pozitive.
Gândirea pozitivă poate fi o armă puternică împotriva ideilor preconcepute. Atunci când ne concentrăm pe aspectele pozitive și pe posibilitățile de dezvoltare personală, putem să ne schimbăm perspectiva asupra obstacolelor pe care le întâmpinăm. Prin afirmății pozitive și vizualizare creativă, putem să ne creăm un cadru mental în care să ne simțim încrezători și determinați să depășim orice limitări.
De exemplu, dacă avem ideea preconcepută că nu putem reuși într-un anume domeniu pentru că nu avem suficiente abilități, putem să ne repetăm zilnic afirmații pozitive care să ne întărească încrederea în sine. Prin intermediul gândirii pozitive, putem să ne canalizăm energia către atingerea obiectivelor noastre și să depășim orice obstacol care ne stă în cale.

6. Învățarea continuă.

O altă strategie eficientă în demontarea ideilor preconcepute este să investim în învățare continuă. Atunci când ne extindem cunoștințele și ne perfecționăm abilitățile, putem să ne deschidem noi perspective și să descoperim că suntem capabili să depășim orice obstacol. Prin participarea la cursuri, seminarii sau worshop-uri, putem să ne dezvoltăm competențele și să câștigăm încredere în propriile noastre capacități.

De exemplu, dacă avem ideea preconceputăcă nu putem învăța să gestionăm eficient timpul, putem să ne înscriem la un curs de time management și să învățăm tehnici și strategii pentru a ne organiza mai bine activitățile zilnice. Prin practicarea unor metode eficiente, putem să ne convingem că suntem capabili să ne gestionăm timpul și să depășim frica de lipsă de control.

7. Identificarea și eliminarea fricilor iraționale.

Fricile iraționale pot juca un rol important în perpetuarea ideilor preconcepute. Atunci când ne confruntăm cu temeri exagerate sau iraționale, putem să ne sabotăm singuri și să ne impunem limite în calea noastră spre succes.

Prin identificarea și conștientizarea acestor frici, putem să le eliminăm și să ne eliberăm de constrângerile pe care le impun asupra noastră.

De exemplu, dacă avem teama de eșec și ideea preconceputăcă nu vom reuși niciodată să ne schimbăm cariera, putem să explorăm originile acestei frici și să găsim modalități de a o gestiona eficient. Prin conștientizarea faptului că eșecul face parte din procesul de învățare și că nu ne definește ca persoane, putem să ne eliberăm de constrângerile mentale și să ne deschidem către noi oportunități.

8. Căutarea susținerii în cercul social. Susținerea din partea celor din jur poate fi un factor crucial în demontarea ideilor preconcepute. Atunci când ne apropiem de persoane care ne încurajează și ne motivează să ne depășim limitele, putem să ne simțim mai încrezători și mai determinați să ne atingem obiectivele. Prin schimbul de idei și de experiențe cu cei din jurul nostru, putem să ne fortificăm mentalitatea și să depășim orice obstacol în calea noastră.

De exemplu, dacă avem ideea preconcepută că nu putem să practicăm sport din cauza unui handicap fizic, putem să căutăm susținerea și încurajarea celor din jurul nostru. Prin implicarea într-o comunitate de persoane cu aceleași interese sau cu aceleași provocări, putem să ne simțim acceptați și motivați să continuăm să ne dezvoltăm.

9. Practicarea auto-înțelegerii și auto-compasiunii.

Auto-înțelegerea și auto-compasiunea pot fi instrumente puternice în demontarea ideilor preconcepute. Atunci când ne acceptăm pe noi înșine așa cum suntem și cultivăm compasiunea față de propriile noastre vulnerabilități, putem să ne înălțăm deasupra convingerilor limitative și să ne eliberăm de piedicile care ne stau în cale. Prin practicarea auto-îngrijirii și auto-acceptării, putem să ne simțim mai puternici și mai încrezători în propriile noastre resurse.

De exemplu, dacă avem ideea preconcepută că nu suntem suficient de buni pentru a obține o promovare în carieră, putem să ne concentrăm asupra calităților noastre și să ne recunoaștem contribuția pe care o aducem echipei noastre. Prin cultivarea auto-aprecierii și auto-recunoștinței, putem să ne transformăm convingerile negative în credințe pozitive.

9.Experimentarea și încercarea lucrurilor noi.
Un alt mod eficient de a depăși ideile
preconcepute este să experimentăm și să
încercăm lucruri noi. Atunci când ne
deschidem către noi experiențe și ne asumăm
riscuri calculate, putem să ne depășim
limitele și să ne transformăm mentalitatea
limitativă într-una deschisă la schimbare.
Prin explorarea unor teritorii necunoscute și
prin acceptarea eșecului ca parte a procesului
de învățare, putem să ne descoperim puterea
interioară și să ne eliberăm de constrângerile
mentale.
De exemplu, dacă avem ideea prcconcepută
că nu putem să învățăm să dansăm la o vârstă
mai înaintată, putem să ne înscriem la un
curs de dans și să încercăm să ne dezvoltăm
abilitățile în acest domeniu. Prin practicarea
regulată și prin perseverență, putem să ne
convingem că putem învăța lucruri noi la
orice vârstă și că suntem capabili să depășim
orice obstacol.

10. Căutarea inspirației în exemple de succes.
Inspirându-ne din exemple de succes, putem
să ne motivăm să depășim orice obstacol și să
ne desprindem de ideile preconcepute.

Atunci când ne uităm la persoane care au reușit să-și atingă obiectivele și să-și depășească propria lor limitări, putem să ne simțim mai încrezători în propria noastră capacitate de a reuși. Prin analizarea poveștilor de succes și a strategiilor utilizate de aceste persoane, putem să ne inspirăm și să ne motivăm să urmăm propriile noastre vise și aspirații.

Dacă avem ideea preconcepută că nu putem să ne schimbăm cariera după o anumită vârstă, putem să căutăm exemple de persoane care au reușit să-și reinventeze cariera și să-și atingă obiectivele profesionale. Prin identificarea strategiilor pe care aceste persoane le-au folosit și prin încercarea lor în propria noastră viață, putem să ne convingem că suntem capabili să depășim orice limitări și să trăim viața la potențialul maxim.

Ideile preconcepute pot fi obstacole puternice în calea noastră spre succes și împlinire personală. Prin aplicarea unor strategii eficiente și prin conștientizarea acestor gânduri limitative, putem să ne desprindem de ele și să ne deschidem către noi oportunități și posibilități.

"Mitul că suntem limitați în gândire este doar o poveste pe care ne-o spunem singuri pentru a justifica teama noastră de necunoscut. Adevărul este că mintea noastră este mai puternică decât credem și, de multe ori, singurele limite sunt cele pe care ni le impunem."

CAPITOLUL 5

Tehnici de autovindecare mentala.
- Exerciții și practici mentale pentru a ne elibera de limitările noastre.

Autovindecarea mentală reprezintă capacitatea unei persoane de a-și vindeca propriul corp și minte de diverse afecțiuni, folosind resursele și tehnicile pe care le are la îndemână. Este un proces complex care implică atât aspecte mentale, cât și emoționale, fizice și spirituale. Existența unui echilibru între aceste aspecte este esențială pentru a putea obține rezultate pozitive în procesul de autovindecare. Există numeroase tehnici și practici care pot fi folosite pentru a facilita autovindecarea mentală și care au fost folosite de-a lungul timpului în diverse culturi și filozofii de viață. În continuare, vom explora câteva dintre cele mai populare tehnici de autovindecare mentală și cum pot fi acestea integrate în rutina zilnică pentru a sprijini vindecarea și echilibrul interior.

1. Meditația.

Meditația este una dintre cele mai eficiente tehnici de autovindecare mentală, fiind practicată de mii de ani în diverse culturi din întreaga lume. Prin meditație, putem încetini ritmul mintei, ne putem conecta cu sinele nostru interior și putem obține o stare de relaxare profundă care favorizează vindecarea naturală a corpului. Meditația poate fi practicată atât în mod individual, cât și în cadrul unor grupuri sau la cursuri specializate.

2. Vizualizarea creativă.

Vizualizarea creativă este o tehnică prin care ne folosim imaginația pentru a crea și vizualiza scene sau situații pozitive care ne sprijină însănătoșirea. Prin vizualizarea creativă putem reprograma mintea pentru a atrage vindecarea și sănătatea în viața noastră și putem crește nivelul de încredere în propria capacitate de a ne vindeca.

3. Respirația conștientă.

Tehnica respirației conștiente presupune concentrarea atenției pe modul în care respirăm, pe ritmul respirației și pe profunzimea ei.

Prin această practică, putem reduce stresul și anxietatea, putem relaxa corpul și mintea și putem obține o stare de calm și claritate mentală care favorizează procesul de vindecare.

4. Practica yoga.
Yoga este o practică holistică care combină posturi fizice, respirație conștientă, meditație și relaxare pentru a echilibra mintea și corpul. Prin practicarea regulată a yoga, putem îmbunătăți flexibilitatea, tonusul muscular, dar și sănătatea mentală și emoțională, facilitând astfel procesul de autovindecare.

5.Terapia cognitiv-comportamentală.
Tehnica terapiei cognitiv-comportamentale se bazează pe ideea că gândurile și comportamentele noastre pot influența starea noastră de sănătate. Prin această terapie, putem identifica și schimba gândurile și comportamentele negative care ne împiedică să ne vindecăm și să ne simțim bine, îmbunătățind astfel calitatea vieții noastre.

6. Autohipnoză.
Autohipnoza este o tehnică prin care putem accesa resursele noastre interioare pentru a ne vindeca și a ne îmbunătăți starea de sănătate. Prin intermediul autohipnozei, putem programa subconștientul pentru a atrage vindecarea și sănătatea în viața noastră și putem elimina blocajele mentale și emoționale care ne împiedică să ne vindecăm.

7. Terapia prin dans și mișcare.
Dansul și mișcarea corpului pot fi folosite în scop terapeutic pentru a debloca emoțiile negative, a reduce stresul și anxietatea și a crește starea de bine și echilibrul interior. Prin intermediul dansului, putem exprima emoțiile noastre, putem elibera tensiunile din corp și putem facilita autovindecarea mentală și emoțională.

8. Alimentația sănătoasă.
Alimentația joacă un rol esențial în procesul de autovindecare mentală și fizică. O dietă echilibrată și bogată în nutrienți esențiali poate sprijini funcționarea optimă a organismului și a sistemului nervos, favorizând astfel vindecarea și însănătoșirea.

Este important să acordăm atenție alimentelor pe care le consumăm și să ne asigurăm că acestea sunt proaspete, naturale și echilibrate din punct de vedere nutrițional.

9.Practicarea zilnică a recunoștinței: Recunoștința este o tehnică simplă, dar foarte eficientă de autovindecare mentală. Prin practicarea zilnică a recunoștinței, putem schimba perspectiva asupra vieții noastre, putem accentua aspectele pozitive din jurul nostru și putem dezvolta emoții și sentimente de mulțumire și împlinire care sprijină starea noastră de sănătate și bine.

10 Terapia prin artă și creativitate. Terapia prin artă și creativitate presupune folosirea diferitelor tehnici artistice pentru a exprima și elibera emoțiile și traumele interioare, pentru a descoperi resursele interioare și pentru a sprijini procesul de vindecare și transformare personală. Prin intermediul artei, putem accesa zone profunde din subconștient și putem nevoile noastre interioare, facilitând astfel autovindecarea și eliberarea blocajelor.

11. Practicarea zilnică a recunoștinței. Recunoștința este o tehnică simplă, dar foarte eficientă de autovindecare mentală. Prin practicarea zilnică a recunoștinței, putem schimba perspectiva asupra vieții noastre, putem accentua aspectele pozitive din jurul nostru și putem dezvolta emoții și sentimente de mulțumire și împlinire care sprijină starea noastră de sănătate și bine.

Autovindecarea mentală este un proces complex care implică o abordare holistică și integrativă a ființei umane, care combină aspectele mentale, emoționale, fizice și spirituale pentru a sprijini starea de sănătate și bine. Prin folosirea diverselor tehnici și practici prezentate mai sus, putem sprijini procesul de autovindecare și putem obține echilibru și armonie în viața noastră. Este important să fim deschiși la explorarea diferitelor tehnici și să alegem cele care resonă cel mai bine cu nevoile noastre interioare, pentru a putea obține rezultate pozitive și durabile în procesul de autovindecare.

Exercițiile mentale pentru a ne elibera de limitările noastre pot fi extrem de benefice în dezvoltarea personală și îmbunătățirea stării noastre de bine. Aceste exerciții sunt concepute pentru a ne ajuta să depășim obstacolele mentale și să ne îmbunătățim capacitatea de a ne atinge obiectivele și de a ne atinge potențialul maxim.

Iată câteva exerciții practice mentale care pot ajuta la eliminarea limitărilor noastre și la îmbunătățirea calității vieții noastre.

1.Vizualizarea succesului.
Una dintre cele mai eficiente metode pentru a ne elibera de limitările noastre este vizualizarea succesului. Acest exercițiu constă în a-ți imagina că ai atins obiectivul tău cel mai mare și că te simți complet împlinit și fericit. Poți crea o imagine clară a acestei situații în mintea ta și poți folosi toate simțurile tale pentru a o simți cât mai realist posibil. De exemplu, imaginează-ți că ai obținut o promovare la locul de muncă și că te simți mândru de tine însuți. Simte bucuria și recunoașterea pe care le primești de la colegi și șefi.

Această experiență virtuală te poate ajuta să-ți construiești încrederea în sine și să te motiveze să depășești limitările tale.

2. Exercițiul de scriere a obiectivelor.
Un alt exercițiu util pentru a ne elibera de limitările noastre este să scriem obiectivele noastre pe hârtie. Acest exercițiu ne poate ajuta să ne clarificăm gândurile și să ne concentrăm asupra a ceea ce dorim să realizăm. Începe prin a-ți stabili obiective specifice, măsurabile, realizabile, relevante și cu termen limită. Apoi, notează-le pe o foaie de hârtie și gândește-te la pașii pe care trebuie să îi faci pentru a le atinge. Acest exercițiu te poate ajuta să-ți prioritizezi obiectivele și să-ți dezvolți un plan de acțiune clar pentru a le atinge.

3. Practicarea gândirii pozitive.
Gândirea pozitivă poate avea un impact semnificativ asupra modului în care ne percepem pe noi înșine și asupra modului în care ne abordăm provocările. Exercițiul de practicare a gândirii pozitive constă în a-ți schimba perspectiva asupra situațiilor dificile și în a te concentra asupra aspectelor bune din viața ta.

Încearcă să identifici cel puțin trei lucruri pozitive în fiecare zi și să le scrii într-un jurnal de recunoștință. Acest exercițiu poate crește nivelul tău de optimism și te poate ajuta să-ți reduci anxietatea și stresul.

4.Exercițiul de meditație.
Meditația este o practică eficientă pentru a ne elibera de limitările noastre mentale și pentru a ne relaxa mintea și corpul. Acest exercițiu constă în a-ți dedica câteva minute în fiecare zi pentru a-ți concentra atenția asupra respirației și a gândurilor tale. Începe prin a-ți găsi un loc liniștit și confortabil în care să stai confortabil și să-ți concentrezi atenția asupra respirației tale. Încearcă să eliberezi gândurile care îți vin în minte și să te concentrezi pe prezent. Meditația poate reduce nivelul de stres, crește concentrarea și îmbunătăți calitatea somnului.

5. Exercițiul de vizualizare a succesului.
Alt exercițiu util pentru a ne elibera de limitările noastre este vizualizarea succesului. Acest exercițiu ne poate ajuta să eliminăm emoțiile negative și să ne concentrăm asupra succeselor noastre.

Încearcă să îți imaginezi că ai reușit să depășești cea mai mare frică a ta și să te simți puternic și încrezător. Poți crea o imagine a acestei situații în mintea ta și poți simți sentimentele de bucurie și mândrie pe care le-ai trăi dacă ai reuși să îți depășești limitările. Acest exercițiu te poate ajuta să-ți dezvolți încrederea în sine și să te motiveze să îți urmezi visurile.

CAPITOLUL 6

Gestionarea fricilor și a anxietății .
- Cum să facem față emoțiilor negative care ne
blochează progresul.

Frica și anxietatea sunt două emoții naturale pe care majoritatea oamenilor le experimentează la un moment dat în viață. Aceste emoții pot fi provocate de diferite situații și pot afecta capacitatea noastră de a funcționa normal în diverse contexte. Gestionarea fricilor și a anxietății este esențială pentru menținerea unei stări de sănătate mintală și pentru a putea face față provocărilor cu încredere și reziliență. Frica este o reacție emoțională la o amenințare iminentă sau percepută. Este o emoție instictivă, care îi ajută pe oameni să răspundă rapid la pericole și să se protejeze. Însă, frica excesivă sau irațională poate interfera cu viața noastră de zi cu zi și poate duce la anxietate. Anxietatea este o reacție emoțională mai lungă și mai puternică la o amenințare percepută sau la o situație stresantă. Este o stare de neliniște, îngrijorare și tensiune, care poate afecta capacitatea de concentrare, somnul și relațiile interpersonale.

Există diferite tipuri de anxietate, cum ar fi tulburarea de anxietate generalizată, tulburarea de panică, tulburarea obsesiv-compulsivă și fobiile specifice. Fiecare persoană are propriile frici și anxietăți, care pot fi legate de traume anterioare, stresul cotidian sau evenimente negative recente. Gestionarea acestor emoții este importantă pentru a evita complicații ulterioare și pentru a îmbunătăți calitatea vieții.

Există numeroase modalități de a gestiona fricile și anxietatea, iar fiecare persoană poate găsi strategiile care funcționează cel mai bine pentru ea. Unele metode eficiente includ terapia cognitiv-comportamentală, exercițiile de relaxare, meditația, mindfulness-ul, activitățile fizice regulate și alimentația sănătoasă. De asemenea, sprijinul social și exprimarea emoțiilor pot fi de mare ajutor în gestionarea fricilor și a anxietății.

Există diferite tipuri de anxietate, cum ar fi tulburarea de anxietate generalizată, tulburarea de panică, tulburarea obsesiv-compulsivă și fobiile specifice. Fiecare persoană are propriile frici și anxietăți, care pot fi legate de traume anterioare, stresul cotidian sau evenimente negative recente.

Gestionarea acestor emoții este importantă pentru a evita complicații ulterioare și pentru a îmbunătăți calitatea vieții.

Există numeroase modalități de a gestiona fricile și anxietatea, iar fiecare persoană poate găsi strategiile care funcționează cel mai bine pentru ea. Unele metode eficiente includ terapia cognitiv-comportamentală, exercițiile de relaxare, meditația, mindfulness-ul, activitățile fizice regulate și alimentația sănătoasă. De asemenea, sprijinul social și exprimarea emoțiilor pot fi de mare ajutor în gestionarea fricilor și a anxietății.

În continuare, vom explora mai detaliat diferitele modalități de gestionare a fricilor și a anxietății, precum și rolul pe care îl joacă aceste emoții în viața noastră de zi cu zi.

Terapia cognitiv-comportamentală este una dintre cele mai eficiente metode de gestionare a fricilor și a anxietății. Această formă de terapie se concentrează pe schimbarea gândurilor și comportamentelor negative care stau la baza acestor emoții. Prin identificarea și înlocuirea gândurilor iraționale și a comportamentelor evitative, persoana în terapie poate învăța să gestioneze mai bine fricile și anxietatea.

Exercițiile de relaxare sunt o altă modalitate eficientă de a reduce anxietatea și de a calma sistemul nervos. Tehnicile de respirație profundă, meditația și yoga-ul pot ajuta la reducerea stresului și la îmbunătățirea stării de bine. Prin practicarea acestor exerciții regulat, persoana poate învăța să se relaxeze mai ușor în situații de anxietate sau frică. Mindfulness-ul este o abordare care încurajează o atitudine de prezentare conștientă față de experiențele din viață. Prin concentrarea asupra prezentului și observarea gândurilor și emoțiilor fără a le evalua sau judeca, persoana poate să devină mai conștientă de propria sa reacție la frică și anxietate și să își dezvolte o atitudine mai echilibrată și empatică.

Activitățile fizice regulate sunt benefice nu doar pentru sănătatea fizică, ci și pentru sănătatea mentală. Exercițiile fizice eliberează endorfinele, substanțe chimice care contribuie la reducerea anxietății și la îmbunătățirea stării de spirit. Prin practicarea regulată a exercițiilor fizice, persoana poate reduce nivelul de stres și anxietate și poate crește nivelul de energie și vitalitate.

Alimentația sănătoasă joacă un rol important în gestionarea fricilor și a anxietății. Consumul echilibrat de nutrienți beneficii ajută la menținerea nivelului de energie și la stabilizarea stării de spirit. Evitarea alimentelor procesate și bogate în zahăr sau grăsimi nesănătoase poate contribui la reducerea anxietății și la îmbunătățirea sistemului imunitar.

Sprijinul social este esențial în gestionarea fricilor și a anxietății. Conversațiile deschise și sincere cu persoanele apropriate pot ajuta la exprimarea emoțiilor și la găsirea soluțiilor pentru problemele cu care ne confruntăm. Sprijinul emoțional și practic al prietenilor și familiei poate oferi un sentiment de siguranță și încredere în momentele dificile.

Exprimarea emoțiilor este un alt aspect important în gestionarea fricilor și a anxietății. A avea permisiunea de a exprima și de a procesa emoțiile negative poate ajuta la eliberarea tensiunii și la reducerea anxietății. Scrierea jurnalului, desenul sau alte forme de exprimare artistică pot fi modalități eficiente de a elibera emoțiile și de a înțelege mai bine propriile reacții emoționale.

Gestionarea fricilor și a anxietății este esențială pentru menținerea unei stări de sănătate mintală și pentru a putea face față cu încredere și reziliență provocărilor vieții. Prin identificarea și aplicarea unor strategii eficiente de gestionare a acestor emoții, fiecare persoană poate să își îmbunătățească calitatea vieții și să își dezvolte capacitățile de adaptare la schimbările din mediu înconjurător. Este important să ne dăm seama că frica și anxietatea fac parte din viața noastră și că putem învăța să le gestionăm într-un mod sănătos și echilibrat.Emoțiile negative pot fi extrem de puternice și pot avea un impact semnificativ asupra progresului nostru în viață. Ele pot să ne blocheze și să ne împiedice să ne atingem obiectivele și să ne realizăm potențialul. Din fericire, există strategii eficiente pe care le putem folosi pentru a face față acestor emoții negative și pentru a ne debloca progresul.

În cele ce urmează, vom explora câteva modalități prin care putem gestiona și depăși aceste emoții negative.

1. Identificarea emoțiilor negative.
Primul pas în gestionarea emoțiilor negative este să le identificăm și să le recunoaștem. Este important să fim conștienți de emoțiile noastre și să înțelegem sursa lor. Este posibil să ne simțim blocați sau împiedicați să progresăm datorită unor emoții precum frica, furia, insecuritatea sau tristețea. Identificarea acestor emoții negative ne va ajuta să conștientizăm ce anume ne blochează și cum putem să le gestionăm.

1. Acceptarea și exprimarea emoțiilor negative.
Odată ce am identificat emoțiile negative, este important să le acceptăm și să le exprimăm. Nu încercați să le negați sau să le ignorați, deoarece aceasta nu va face decât să le intensifice. În schimb, încercați să le conștientizați și să le exprimați în mod sănătos, fie vorbind cu cineva de încredere, fie prin scris sau prin alt fel de activități creative.

1.Acceptarea și exprimarea emoțiilor
   negative.
Odată ce am identificat emoțiile negative,
este important să le acceptăm și să le
exprimăm. Nu încercați să le negați sau să le
ignorați, deoarece aceasta nu va face decât să
le intensifice. În schimb, încercați să le
conștientizați și să le exprimați în mod
sănătos, fie vorbind cu cineva de încredere,
fie prin scris sau prin alt fel de activități
creative. Acceptarea și exprimarea emoțiilor
negative ne ajută să le eliberăm și să le
gestionăm într-un mod constructiv.

3. Automotivare și gândire pozitivă.
O altă strategie eficientă pentru a face față
emoțiilor negative și a ne debloca progresul
este automotivarea și gândirea pozitivă.
Încercați să vă concentrați pe aspectele
pozitive din viața voastră și să vă motivați să
continuați să avansați către obiectivele
voastre. Făceți o listă cu succesele și
realizările voastre trecute și folosiți-le ca
resursă de inspirație și motivare în
momentele dificile. Gândirea pozitivă și
automotivarea ne ajută să ne menținem
încrezători și să depășim obstacolele.

4. Consiliere și terapie.
Dacă emoțiile negative pe care le experimentați sunt foarte puternice sau de lungă durată, este recomandat să căutați ajutor profesional. Consilierea și terapia pot fi extrem de benefice în gestionarea emoțiilor negative și în deblocarea progresului. Un terapeut sau consilier vă poate ajuta să identificați sursele emoțiilor negative și să găsiți modalități eficiente de a le gestiona și de a vă elibera. Nu ezitați să căutați ajutor dacă simțiți că nu puteți face față singuri emoțiilor negative.

5. Exercițiu fizic și relaxare.
Exercițiul fizic regulat și tehnicile de relaxare sunt alte modalități eficiente de a gestiona emoțiile negative și de a vă debloca progresul. Exercițiul fizic eliberează endorfinele, hormonii fericirii, care vă pot ajuta să vă simțiți mai bine și să gestionați emoțiile negative. De asemenea, tehnicile de relaxare, precum respirația profundă, meditația sau yoga, vă pot ajuta să vă calmați și să vă relaxați în momentele de stres sau anxietate. Faceți din exercițiul fizic și relaxare o parte regulată a rutinei voastre zilnice pentru a vă menține sănătatea mentală și emoțională.

6. Gestionarea stresului și adaptabilitate
Emoțiile negative pot să fie intensificate de
stres sau de situații neprevăzute și dificile.
Pentru a face față acestor emoții negative și
pentru a vă bloca progresul, este important să
învățați să gestionați eficient stresul și să vă
adaptați la schimbările din viața voastră.
Identificați sursele de stres și găsiți
modalități să le reduceți sau să le eliminați.
Aveți grijă de voi în perioadele de stres și
încercați să păstrați o atitudine pozitivă și
adaptabilă în fața provocărilor.

7. Imbunătățirea abilităților de comunicare și
relaționare.
Uneori, emoțiile negative pot fi rezultatul
unor conflicte sau tensiuni în relațiile cu
ceilalți. Pentru a face față acestor emoții și
pentru a ne debloca progresul, este important
să ne concentrăm să îmbunătățim abilitățile
de comunicare și relaționare. Învățați să vă
exprimați sentimentele și gândurile într-un
mod clar și respectuos, și să ascultați cu
atenție nevoile și perspectivele celor din jurul
vostru. O comunicare eficientă și o
relaționare sănătoasă pot contribui
semnificativ la gestionarea emoțiilor
negative și la deblocarea progresului.

8. Învățare și dezvoltare personală.
O modalitate eficientă de a face față emoțiilor negative și de a vă bloca progresul este de a vă concentra pe învățare și dezvoltare personală. Investiți timp și energie în dobândirea de noi abilități și cunoștințe, și în creșterea continuă a voastră. Citind cărți motivaționale și de dezvoltare personală, urmând cursuri și training-uri de dezvoltare, sau aflându-vă mentori și modele sunt câteva modalități de a vă îmbunătăți constant și de a vă construi resurse pentru a face față emoțiilor negative și pentru a vă debloca progresul.

Emoțiile negative pot fi o parte naturală a vieții noastre și pot apărea în diverse situații și momente. Utilizând strategii precum identificarea emoțiilor negative, acceptarea și exprimarea lor, automotivarea și gândirea pozitivă, consilierea și terapia, exercițiul fizic și relaxarea, gestionarea stresului și adaptabilitatea, îmbunătățirea abilităților de comunicare și relaționare, și învățarea și dezvoltarea personală, putem face față emoțiilor negative și ne putem debloca progresul în viață.

CAPITOLUL 7

Construirea încrederii și a stimei de sine .
- Cum să ne creștem încrederea în propriile capacități
și să ne valorizăm pe noi înșine.

Încrederea în sine reprezintă unul dintre cele mai importante aspecte ale dezvoltării personale. Oamenii care au încredere în propriile abilități și capacități sunt mai predispuși să își atingă obiectivele și să își depășească limitele, având o atitudine pozitivă și încrezătoare în propriile forțe. Construirea încrederii în sine nu este un proces simplu și nici unul care să se petreacă peste noapte. Este o călătorie personală și individuală, care necesită o conștientizare profundă a propriilor emoții, gânduri și comportamente. Cu toate acestea, există anumite strategii și tehnici pe care le putem folosi pentru a ne consolida încrederea în sine și pentru a deveni mai siguri pe noi înșine.

Să explorăm diferitele aspecte ale încrederii în sine și să oferim sfaturi practice pentru a ajuta cititorii să își dezvolte această calitate importantă în viața lor.

Sa discuta despre importanța încrederii în sine, despre modurile în care aceasta poate fi influențată și despre cum să ne construim o încredere solidă în propriile capacități.

Importanța încrederii în sine

Încrederea în sine este o calitate esențială care ne ajută să ne simțim confortabil în propriul piele și să ne manifestăm în mod autentic. Oamenii care au încredere în ei înșiși au mai multă energie, sunt mai motivați și reușesc să își atingă obiectivele mai ușor. Ei au mai mult curaj să își asume riscuri, să își exprime opinia și să își urmeze visele.

De asemenea, încrederea în sine afectează relațiile pe care le avem cu ceilalți și modul în care suntem percepuți de aceștia. Oamenii care au încredere în ei înșiși sunt mai respectați, mai apreciați și mai influenți. Ei reușesc să își facă auzită vocea și să își impună limitele în relațiile lor.

Încrederea în sine este legată de stima de sine și de fericirea personală. Oamenii care au încredere în ei înșiși se simt mai în siguranță, mai încrezători și mai fericiți. Ei se acceptă așa cum sunt, se iubesc pe ei înșiși și se bucură de viață într-un mod mai autentic.

Factorii care influențează încrederea în sine.

Există o serie de factori care pot influența încrederea în sine a unei persoane. Unul dintre acești factori este experiența anterioară. Dacă o persoană a avut succes în trecut, acest lucru poate crește încrederea în sine a acesteia. În schimb, eșecurile repetate sau critica constantă pot să ducă la scăderea încrederii în sine.

Un alt factor important este relația pe care o persoană o are cu ea însăși. Persoanele care se iubesc pe sine, care se acceptă așa cum sunt și care se tratează cu respect și înțelegere au mai multă încredere în sine. Pe de altă parte, persoanele care se critică constant, care își impun standarde nerealiste sau care se compare în mod constant cu alții pot avea o încredere scăzută în sine.

Mediul în care creștem și oamenii cu care interacționăm pot influența încrederea în sine. Persoanele care sunt încurajate, susținute și încurajate să își urmeze pasiunile au mai multă încredere în sine. În schimb, persoanele care au fost criticate, ignorate sau descurajate pot să aibă o încredere scăzută în sine.

Modalități de a dezvolta încrederea în sine.

Există o serie de modalități prin care poți să îți dezvolți încrederea în sine și să devii mai sigur pe tine. Iată câteva sfaturi practice pe care le poți urma pentru a construi încrederea în sine:

1. Identifică-ți punctele tari și pune accent pe ele. Fă o listă cu toate calitățile și realizările tale și îți amintește de acestea în momentele în care îți este greu sau când ai dubii.
2. Setează-ți obiective realiste și tangibile. Împarte obiectivele mari în obiective mai mici și stabilește pași clari și realizabili pentru atingerea acestora.
3. Îmbrățișează-ți imperfecțiunile și învață să le accepți. Nimeni nu este perfect și este important să îți accepți defectele și să îți iubești toate aspectele, atât pozitive, cât și negative.
4. Fă lucruri care îți plac și care te fac fericit. Investește timp și energie în activități care îți aduc bucurie și satisfacție și care te ajută să te simți împlinit.

5. Incurajează-te și motivează-te în mod constant. Fă-ți complimente, vorbește cu tine însuți într-un mod încurajator și gândește pozitiv despre tine însuți.

6. Acceptă provocările și îmbrățișează schimbarea. Ieșiți din zona de confort, asumă-ți riscuri și fi deschis la noi experiențe și oportunități.

7. Caută sprijinul și încurajarea celor din jur. Vorbește deschis cu prietenii, familia sau un terapeut despre temerile, îndoielile și incertitudinile tale și primește sprijinul și încurajarea lor.

8. Învață din greșeli și eșecuri. Nu te descurajați de eșecuri sau greșeli, ci învață din ele și folosește-le ca oportunități de creștere și dezvoltare.

Acestea sunt doar câteva modalități prin care poți să îți dezvolți încrederea în sine și să devii mai sigur pe tine. Este important să îți amintești că încrederea în sine nu se construiește peste noapte și că este un proces continuu și în evoluție.

Strategii pentru a menține încrederea în sine
Încrederea în sine este o calitate fragilă și poate să fluctueze în funcție de circumstanțe, emoții și evenimente externe. Este important să ai grijă de tine și să apelezi la strategii pentru a menține încrederea în sine în momentele dificile.

 Iată câteva recomandări pentru a menține încrederea în sine:

- Gândește pozitiv și evită auto-critica excesivă. Înlocuiește gândurile negative cu gânduri pozitive și încurajatoare și evită să te critici sau să îți impui standarde nerealiste.

- Îngrijește-te de tine și de corpul tău. Fă mișcare regulat, alimentează-te sănătos, odihnește-te suficient și acordă-ți timp pentru relaxare și reîncărcare.

- Investește în dezvoltarea personală și profesională. Învață lucruri noi, explorează interese și pasiuni noi și setează-ți obiective și planuri pentru a te dezvolta continuu.

Cultivă relații sănătoase și susținătoare.
Petrece timp cu oameni care te încurajează, te
inspiră și te fac să te simți bine și ia distanță
de persoanele toxice și negative.

- Fii recunoscător pentru ceea ce ai și
  celebrează-ți realizările. Fă-ți timp să îți
  recunoști eforturile și succesul și să te
  bucuri de tot ceea ce ai realizat.

- Fii deschis și flexibil la schimbare.
  Acceptă incertitudinea și neprevăzutul,
  învață să te adaptezi la situații noi și să îți
  pui în valoare creativitatea și resursele
  interioare.

- Fii autentic și autentic cu tine însuți și cu
  ceilalți. Învață să îți exprimi emoțiile și
  gândurile în mod deschis și autentic și să
  îți arăți vulnerabilitatea și autenticitatea.

- Asumă-ți responsabilitatea pentru viața
  ta și pentru alegerile tale. Nu te plânge sau
  nu dai vina pe alții pentru situația ta, ci fii
  proactiv și asumă-ți responsabilitatea
  pentru viitorul tău.

Încrederea în sine este o calitate esențială care ne ajută să ne atingem obiectivele, să depășim obstacolele și să avem o imagine pozitivă despre noi înșine. Este important să ne construim încrederea în sine în mod continuu și să aveți grijă de noi înșine pentru a menține această calitate în viața noastră. Prin identificarea și punerea în valoare a punctelor noastre tari, setarea de obiective realiste, îmbrățișarea imperfecțiunilor noastre și investirea timpului și energiei în lucruri care ne fac fericit, putem să îți dezvoltăm încrederea în sine și să ne simțim mai siguri pe noi.

Prin aplicarea strategiilor pentru a menține încrederea în sine, precum gândirea pozitivă, îngrijirea de sine, dezvoltarea personală și cultivarea relațiilor sănătoase, putem să menținem încrederea în sine în mod constant și să abordăm dificultățile vieții cu încredere și determinare.

Încredere în sine este un proces continuu și în evoluție și necesită practică, angajament și perseverență. Fii deschis la schimbare, învață din eșecuri și greșeli și cultivă o attitudine pozitivă și deschisă, pentru a-ți construi o încredere în sine puternică și durabilă.

Prin îmbrățișarea propriei tale valori și autenticitate și prin învățarea să îți apreciezi și să te iubești pe tine însuți, poți să devii mai sigur pe tine și să îți trăiești viața cu încredere și determinare.

– Construirea încrederii în sine este cheia succesului și fericirii, așa că investește timp și energie în acest proces important și benefic pentru tine și pentru cei din jurul tău.

Stima de sine reprezintă modul în care o persoană se percepe și se valuează pe sine însăși. Este un aspect extrem de important al sănătății mentale și al bunăstării psihologice, influențând în mod direct relațiile interpersonale, succesul profesional, sănătatea emoțională și capacitatea de a face față provocărilor vieții.

Construirea și menținerea unei stime de sine sănătoase sunt procese complexe care implică multiple aspecte, cum ar fi satisfacția cu sine însuși, încrederea în propriile abilități, respectul față de sine, capacitatea de a face față eșecurilor și dezamăgirilor și acceptarea propriei persoane așa cum este.

Există numeroase strategii și tehnici care pot fi folosite pentru a înălța și a menține nivelul de stima de sine, iar acestea pot fi adaptate la nevoile și preferințele individuale ale fiecărei persoane.

Să explorăm conceptul de stima de sine și să oferim o perspectivă detaliată asupra procesului de construire și dezvoltare a acesteia. Vom analiza factorii care influențează stima de sine, precum și strategiile eficiente pentru a o îmbunătăți. De asemenea, vom examina impactul stimei de sine asupra diferitelor aspecte ale vieții și modalitățile în care poate fi afectată de factorii externi și interni.

1. **Definirea stimei de sine.**

Stima de sine se referă la evaluarea globală pe care o persoană o face despre sine însăși. Este o combinație între atitudinea față de sine, încrederea în propriile abilități și competențe, precum și respectul și aprecierea pentru sine. O stima de sine sănătoasă se caracterizează prin acceptarea și îmbrățișarea propriei persoane, capacitatea de a face față provocărilor și eșecurilor, încrederea în propriile capacități și abilități, simțul valorii personale și respectul pentru sine.

Un nivel ridicat de stima de sine este asociat cu o serie de beneficii psihologice și emoționale, precum optimismul, reziliența, abilitatea de a face față stresului, capacitatea de a-și atinge obiectivele și satisfacția în relațiile interpersonale.

Pe de altă parte, o stima de sine scăzută poate duce la sentimente de inutilitate, lipsă de încredere în sine, evitarea riscurilor și o tulburare a echilibrului emoțional.

Este important de menționat că stima de sine nu este un atribut static sau fix, ci este un aspect dinamic al personalității care poate fi îmbunătățit și dezvoltat în timp. Este un proces continuu de autocunoaștere, autoacceptare și autodezvoltare, care necesită efort și angajament din partea individului.

2. Factorii care influențează stima de sine. Există o serie de factori care pot influența nivelul de stima de sine al unei persoane. Printre acești factori se numără:

- Experiențele din copilărie: Experiențele pe care le trăiește un individ în perioada copilăriei pot avea un impact semnificativ asupra stimei de sine. Un mediu familial sănătos, bazat pe iubire, suport și încurajare, poate contribui la dezvoltarea unei stime de sine sănătoase. Pe de altă parte, abuzul, neglijarea sau critica constantă pot duce la o stima de sine scăzută și la probleme de încredere în sine.

- Reacțiile sociale și feedback-ul extern: Reacțiile și feedback-ul pe care le primește o persoană din partea celor din jur pot influența în mod semnificativ stima de sine. Atunci când un individ primește apreciere, recunoaștere și suport din partea celor din jur, acest lucru poate contribui la un nivel crescut de stima de sine. În schimb, critica, respingerea sau ignorarea pot afecta negativ nivelul de stima de sine și pot crea sentimente de insecuritate sau inadecvare.

- Compararea socială: Tendința de a se compara cu alți oameni sau cu standarde sociale nerealiste poate afecta stima de sine. Atunci când o persoană se compară constant cu alții și simte că nu se ridică la standardele impuse, acest lucru poate duce la sentimente de inutilitate, inadecvare și lipsă de încredere în sine.

- Succesele și eșecurile anterioare: Experiențele anterioare de succes sau de eșec pot influența nivelul de stima de sine al unei persoane. O serie de succese sau realizări pot contribui la consolidarea stimei de sine, în timp ce eșecurile sau dezamăgirile pot diminua încrederea în sine și pot afecta nivelul de stima de sine.

- Auto-critica și autoblamarea: Tendința de a fi prea autocritic și de a-și reproșa constant greșelile sau eșecurile poate duce la o stima de sine scăzută. Auto-critica excesivă poate crea un cerc vicios, în care persoana se judecă permanent și își subminează propria valoare și valabilitate.

- Abilități sociale și emoționale: Abilitatea de a interacționa eficient cu ceilalți, de a gestiona emoțiile și de a face față situațiilor de conflict sau de stres poate influența nivelul de stima de sine. O persoană care are abilități sociale și emoționale bine dezvoltate poate avea o stima de sine mai ridicată, în timp ce lipsa acestor abilități poate duce la insecuritate și lipsă de încredere în sine.

3. Strategii pentru construirea stimei de sine. Există numeroase strategii și tehnici care pot fi folosite pentru a îmbunătăți și a consolida nivelul de stima de sine. Aceste strategii sunt concepute pentru a ajuta persoanele să-și recunoască valoarea și să-și dezvolte încrederea în sine, precum și pentru a le oferi instrumente pentru a face față eșecurilor și provocărilor vieții.

Iată câteva strategii eficiente pentru construirea stimei de sine:

- **Auto-cunoașterea**: Un prim pas important în construirea stimei de sine este auto-cunoașterea. Cunoașterea de sine implică înțelegerea propriei persoane, a valorilor, a credințelor, a trăsăturilor de personalitate și a emoțiilor. Prin explorarea și înțelegerea propriei persoane, o persoană poate să-și descopere punctele forte și să-și conștientizeze valoarea.

- **Auto-acceptarea**: Acceptarea propriei persoane așa cum este este un aspect esențial al stimei de sine sănătoase. În loc să încerce să se compare cu alții sau să își impună standarde nerealiste, o persoană ar trebui să își accepte punctele slabe și să-și recunoască valorile și talentele unice. Auto-acceptarea este o modalitate de a-și exprima compasiunea și aprecierea pentru sine însuși.

- **Auto-compasiunea**: Auto-compasiunea presupune tratarea propriei persoane cu bunătate, înțelegere și îngăduință în situații dificile sau stresante. Este important ca o persoană să fie blândă și indulgentă cu sine însăși, în loc să se judece sau să își reproșeze în mod constant greșelile sau eșecurile. Practicarea auto-compasiunii poate contribui la îmbunătățirea stimei de sine și la creșterea încrederii în sine.

- **Setarea și atingerea obiectivelor**: Stabilirea și atingerea obiectivelor personale poate consolida stima de sine și încrederea în sine. Atunci când o persoană își stabilește obiective realiste și își propune să le atingă prin efort și angajament, acest lucru poate contribui la creșterea sentimentului de valoare și competență personală.

- **Iesirea din zona de confort**: Încercarea de lucruri noi și ieșirea din zona de confort poate fi o modalitate eficientă de a construi stima de sine. Experimentarea cu activități sau provocări noi poate ajuta o persoană să își depășească limitele și să-și testeze abilitățile și competențele. Prin încercarea de lucruri noi, o persoană poate dobândi încredere în sine și în capacitățile sale.

- **Auto-îngrijirea**: O componentă importantă a stimei de sine este auto-îngrijirea. Acordarea atenției la nevoile proprii, precum somnul, alimentația sănătoasă, exercițiile fizice, relaxarea și gestionarea stresului poate contribui la creșterea stimei de sine și a bunăstării psihologice. Practicarea auto-îngrijirii poate spori stima de sine și încrederea în sine.

- **Recunoașterea și aprecierea realizărilor**: Recunoașterea și aprecierea propriilor realizări sunt importante pentru construirea stimei de sine. O persoană ar trebui să își recunoască eforturile și să își aprecieze succesele, indiferent de cât de mici sau mari sunt acestea.

Prin recunoașterea și aprecierea propriilor realizări, o persoană poate consolida stima de sine și încrederea în sine.

- **Comunicarea asertivă**: Comunicarea asertivă este o abilitate esențială pentru încrederea în sine și relațiile interpersonale sănătoase. Capacitatea de a-ți exprima opiniile, sentimentele și nevoile în mod direct, clar și respectuos poate contribui la creșterea stimei de sine și la consolidarea respectului față de sine.

- Gestionarea eșecurilor și dezamăgirilor: Gestionarea eșecurilor și dezamăgirilor într-un mod pozitiv și constructiv este importantă pentru construirea stimei de sine. În loc să se descurajeze sau să se auto-judece în caz de eșec, o persoană ar trebui să își analizeze experiențele, să învețe din ele și să își continue eforturile în direcția obiectivelor sale. Gestionarea eficientă a eșecurilor poate consolida stima de sine și încrederea în sine.

Acestea sunt doar câteva exemple de strategii și tehnici care pot fi folosite pentru a construi și a dezvolta stima de sine.

Este important ca fiecare persoană să identifice și să exploreze acele strategii care se potrivesc cel mai bine nevoilor și preferințelor sale individuale, pentru a atinge o stima de sine sănătoasă și echilibrată.

4. Impactul stimei de sine asupra vieții.
Stima de sine are un impact profund asupra diferitelor aspecte ale vieții unei persoane, influențând în mod semnificativ succesul profesional, relațiile interpersonale, sănătatea emoțională și bunăstarea generală. Un nivel ridicat de stima de sine poate avea următoarele beneficii:

- Succesul profesional: Persoanele cu o stima de sine ridicată sunt mai predispuși să atingă succesul în viața profesională, să-și atingă obiectivele și să depășească obstacolele. Aceștia au încredere în abilitățile și competențele lor, sunt perseverenți și autocritici, iar aceste calități îi ajută să aibă succes în carieră.

- Relațiile interpersonale: Stima de sine joacă un rol crucial în relațiile interpersonale, influențând modul în care o persoană se raportează la ceilalți și cum este percepută de aceștia.

Persoanele cu stima de sine ridicată sunt mai deschise la comunicare, au abilități sociale mai bune și sunt capabile să stabilească relații sănătoase și satisfăcătoare.

- Sănătatea emoțională: Un nivel ridicat de stima de sine este asociat cu o sănătate emoțională mai bună și cu o mai mare rezistență la stres și anxietate. Persoanele cu stima de sine ridicată sunt mai puțin predispuse la depresie, anxietate și alte probleme de sănătate mentală, deoarece au o atitudine mai pozitivă și o mai mare capacitate de a face față provocărilor vieții.
- Bunăstare generală: Stima de sine este un factor important în bunăstarea generală a unei persoane, influențând nivelul de fericire și satisfacție cu viața. Persoanele cu stima de sine ridicată se simt mai mulțumite de ei înșiși, sunt mai încrezătoare în capacitățile lor și au o atitudine mai pozitivă față de viață.

Pe de altă parte, un nivel scăzut de stima de sine poate avea consecințe negative asupra vieții unei persoane, cum ar fi:

- Lipsa încrederii în sine și în propriile abilități.
- Evitarea riscurilor și a provocărilor.
- Sentimente de inutilitate.
- Probleme în relațiile interpersonale.
- Tulburări de sănătate emoțională, cum ar fi depresia sau anxietatea.

Este important să fie conștienți de importanța stimei de sine și de impactul acesteia asupra vieții noastre, pentru a putea adopta strategii eficiente pentru a o îmbunătăți și a o menține la un nivel sănătos și echilibrat.

5. Cum poate fi afectată stima de sine.
Stima de sine poate fi afectată de o serie de factori interni și externi, care pot contribui la scăderea nivelului acesteia și la apariția unor probleme de încredere în sine și autovalorizare. Unele dintre principalele factori care pot afecta stima de sine includ:

- Eșecurile și dezamăgirile anterioare: Eșecurile și dezamăgirile din trecut pot afecta nivelul de stima de sine al unei persoane și pot crea sentimente de nereușită sau inutilitate. Persoanele

- Experiențele din copilărie: Experiențele din copilărie, cum ar fi abuzul, neglijarea sau critica constantă, pot avea un impact semnificativ asupra stimei de sine a unei persoane. Copiii care cresc într-un mediu familial nesigur sau negativ pot dezvolta o stima de sine scăzută și probleme de încredere în sine.

- Reacțiile sociale negative: Critica, respingerea sau ignorarea din partea celor din jur poate afecta stima de sine a unei persoane și poate crea sentimente de inutilitate sau inadecvare. Reacțiile sociale negative pot submina încrederea în sine și pot reduce sentimentul de valoare personală.

- Compararea socială: Tendința de a se compara cu alții sau de a se compara cu standarde nerealiste poate afecta negativ stima de sine a unei persoane. Atunci când o persoană se percepe ca fiind inferioară sau neadecvată în comparație cu alții, acest lucru poate duce la sentimente de insecuritate și lipsă de încredere în sine.

Emoțiile negative sunt parte din experiența noastră umană și pot apărea în diverse situații și contexte. Ele pot fi generate de evenimente sau schimbări nedorite în viața noastră, de relații interpersonale tensionate, de stres, anxietate sau depresie, de auto-critica sau de lipsa de încredere în sine, de frică sau de mânie și multe altele. Aceste emoții negative pot avea un impact asupra stării noastre emoționale, fizice și mentale, blocându-ne progresul și împiedicându-ne să ne bucurăm de viață în mod plin și fericit. Este important să învățăm să facem față acestor emoții negative și să le gestionăm într-un mod sănătos și eficient, pentru a ne permite să ne dezvoltăm și să progresăm în viață. Există numeroase strategii și tehnici pe care le putem folosi pentru a gestiona emoțiile negative, iar abordarea lor poate varia în funcție de persoană și de situația în care ne aflăm.

Vom explora câteva modalități eficiente de a face față emoțiilor negative care ne blochează progresul.

Una dintre cele mai importante aspecte în gestionarea emoțiilor negative este conștientizarea și recunoașterea acestora. Este esențial să ne dăm seama când experimentăm emoții negative și să le identificăm pentru a le putea gestiona în mod eficient. Acest lucru poate fi realizat prin auto-reflecție, meditație, jurnalizare emoțională sau pur și simplu prin acordarea atenției la propriile sentimente și reacții. Atunci când suntem conștienți de emoțiile noastre, putem începe să le analizăm și să le înțelegem mai bine, ceea ce ne poate ajuta să le gestionăm într-un mod mai sănătos și constructiv.

Important în gestionarea emoțiilor negative este acceptarea acestora și exprimarea lor într-un mod adecvat. Este important să ne permitem să simțim emoțiile noastre în întregime și să nu le respingem sau să le negăm. Suprimarea sau evitarea emoțiilor negative poate duce la acumularea acestora și intensificarea lor, ceea ce poate avea un impact negativ asupra stării noastre emoționale și mentale. În schimb, putem să ne exprimăm emoțiile într-un mod sănătos și constructiv, fie prin vorbire cu cineva de încredere, fie prin scrierea lor într-un jurnal emoțional sau prin practicarea artelor creative, precum muzica sau pictura. Aceste activități ne pot ajuta să ne eliberăm de emoțiile negative și să ne eliberăm de blocajele emoționale care ne împiedică să progresăm.

Pe lângă acceptarea și exprimarea emoțiilor negative, este important să învățăm să le gestionăm într-un mod sănătos și constructiv. Putem folosi diverse tehnici și strategii de gestionare a emoțiilor negative, precum tehnici de respirație, meditație, relaxare musculară progresivă, vizualizare creativă sau exerciții fizice. Aceste tehnici ne pot ajuta să ne reducem nivelul de stres, anxietate și mânie și să ne regăsim echilibrul emoțional. De asemenea, putem să ne axăm pe gândirea pozitivă și să ne concentrăm pe aspectele luminoase ale vieții noastre, pentru a ne menține un outlook optimist și constructiv.

Este important să ne acordăm timp și spațiu pentru a ne odihni și a ne relaxa, pentru a ne regăsi echilibrul emoțional și mental. O rutină de somn regulată, activități plăcute și relaxante, precum cititul, ascultatul muzicii sau plimbările în natură, ne pot ajuta să ne eliberăm de stresul și tensiunea acumulată și să ne regăsim liniștea interioară. De asemenea, relațiile sănătoase și de sprijin cu cei dragi pot fi de mare ajutor în gestionarea emoțiilor negative și în promovarea unui bun echilibru emoțional.

Este important să ne acordăm iubire și compasiune în relația cu noi înșine și să ne acceptăm în întregime, cu bune și cu rele. Este normal să avem emoții negative și să trecem prin momente dificile, însă este esențial să ne tratăm cu blândețe și să ne respectăm propriile nevoi și limite. Avem capacitatea de a ne construi o viață plină de fericire și împlinire, chiar și în ciuda provocărilor și obstacolelor pe care le întâmpinăm, și putem învăța să gestionăm emoțiile negative pentru a ne permite să ne dezvoltăm și să progresăm în viață.

Emoțiile negative pot fi o parte naturală a experienței noastre umane și pot apărea în diverse situații și contexte. Este important să învățăm să le gestionăm într-un mod sănătos și eficient, pentru a ne permite să ne dezvoltăm și să progresăm în viață.

CAPITOLUL 8

Setarea obiectivelor și strategiile de atingere a acestora .

- Cum să ne stabilim scopuri realiste și să ne creăm planuri pentru a le realiza.

În procesul de setare a obiectivelor pozitive pentru viitor, este esențial să definim clar ce ne dorim să realizăm, să stabilim un plan de acțiune și să ne focusăm pe obiective realizabile și realiste. Obiectivele pozitive ne motivează, ne încurajează să depășim obstacolele și să ne atingem potențialul maxim.

Obiectivele pozitive sunt importante deoarece ne permit să ne concentrăm atenția asupra lucrurilor pe care dorim să le realizăm în viitor și ne oferă o direcție clară către succes. Ele ne ajută să ne concentrăm energiile și resursele în mod eficient și să ne menținem motivația în timpul dificultăților. Pentru a atinge obiectivele pozitive stabilite, este important să avem strategii bine definite și să ne concentrăm asupra acțiunilor care ne pot duce la succes. Planificarea și organizarea sunt cheile pentru a atinge obiectivele propuse și pentru a ne asigura că rămânem pe drumul corect.

În continuare, voi prezenta câteva strategii pe care le putem folosi pentru a atinge obiectivele noastre pozitive :

1.Stabilirea obiectivelor SMART.
Un prim pas important în atingerea obiectivelor pozitive este stabilirea acestora folosind principiul SMART. Acestea trebuie să fie Specifice, Măsurabile, Atingibile, Relevante și Timp definite. Acest lucru ne ajută să ne asigurăm că obiectivele noastre sunt clare, realiste și ușor de urmărit. De exemplu, dacă obiectivul nostru este de a obține o promovare la locul de muncă, putem să formulăm acest obiectiv într-un mod SMART astfel: "Să obțin o promovare la locul de muncă până la sfârșitul anului viitor." Acest obiectiv specific, măsurabil și cu termen bine definit ne oferă o direcție clară și ne motivează să acționăm în consecință.

2. Stabilirea unui plan de acțiune.
După ce am definit obiectivele noastre SMART, următorul pas este să stabilim un plan de acțiune pentru a le atinge. Acest plan trebuie să includă pașii necesari pentru a ajunge la obiectivul nostru și să ne ofere o direcție clară către succes.

De exemplu, dacă obiectivul nostru este de a pierde în greutate, putem să stabilim un plan de acțiune care să includă schimbări în alimentație, exerciții fizice regulate și monitorizarea progresului făcut. Acest plan ne oferă un ghid clar pentru acțiunile pe care trebuie să le întreprindem pentru a ne atinge obiectivul.

- Identificarea resurselor necesare

Pentru a atinge obiectivele noastre pozitive, este important să identificăm resursele de care avem nevoie pentru a ne susține pe parcursul drumului. Aceste resurse pot include timp, bani, cunoștințe sau sprijinul altor persoane.

De exemplu, dacă obiectivul nostru este de a începe o afacere proprie, este important să identificăm resursele financiare necesare, să ne educăm în domeniul respectiv și să căutăm sprijinul unui mentor sau al altor antreprenori de succes. Aceste resurse ne pot ajuta să ne atingem obiectivul într-un mod eficient și eficace.

4. Stabilirea unor obiceiuri sănătoase.
Pentru a ne asigura că reușim să atingem obiectivele noastre pozitive, este important să adoptăm obiceiuri sănătoase care să ne sprijine în acest proces. Obiceiurile sănătoase ne pot ajuta să ne menținem motivația, să ne creștem rezistența și să ne îmbunătățim performanța.

De exemplu, dacă obiectivul nostru este de a avea o viață echilibrată între viața personală și cea profesională, putem să adoptăm obiceiuri sănătoase precum planificarea priorităților, gestionarea stresului sau exercițiile fizice regulate. Aceste obiceiuri ne pot ajuta să menținem echilibrul în viața noastră și să ne apropiem de obiectivele noastre pozitive.

5.Monitorizarea progresului.
Pentru a ne asigura că ne îndreptăm înspre atingerea obiectivelor noastre pozitive, este important să monitorizăm progresul făcut și să ajustăm planul de acțiune după nevoie. Această monitorizare ne ajută să vedem dacă ne apropiem de obiectivele noastre și să identificăm eventualele obstacole pe care trebuie să le depășim.

De exemplu, dacă obiectivul nostru este de a economisi o sumă de bani pentru vacanța de vară, putem să monitorizăm cheltuielile zilnice, să ținem evidența economiilor făcute și să ajustăm planul de economisire în funcție de necesități. Această monitorizare ne ajută să ne menținem pe drumul corect și să ne asigurăm că ne atingem obiectivele propuse.

6. Impărtășirea obiectivelor cu alții.
O altă strategie importantă în atingerea obiectivelor noastre pozitive este să împărtășim aceste obiective cu alții și să căutăm sprijinul lor în acest proces. Acest sprijin ne poate motiva, ne poate oferi idei noi și ne poate ajuta să rămânem concentrați pe obiectivele noastre.
De exemplu, dacă obiectivul nostru este de a scrie o carte, putem să împărtășim acest obiectiv cu prietenii sau cu membrii unei comunități online și să solicităm feedback-ul lor pe parcursul procesului de scriere. Acest sprijin ne poate oferi încurajare și susținere în momentele dificile și ne poate ajuta să ne atingem obiectivele pozitive.

7. Reevaluarea și ajustarea obiectivelor

Pe măsură ce progresăm în urmărirea obiectivelor noastre pozitive, este important să reevaluăm și să ajustăm obiectivele în funcție de schimbările care au loc în viața noastră. Este posibil ca unele obiective să devină mai realiste sau mai importante în timp, iar altele să nu mai fie atât de relevante sau de realizabile.

De exemplu, dacă obiectivul nostru inițial era de a alerga un maraton într-un an, dar între timp ni s-a schimbat situația de sănătate sau nivelul de stres, este posibil să fie nevoie să ajustăm acest obiectiv și să ne concentrăm pe altele mai potrivite în acest moment. Acest proces de reevaluare ne ajută să ne concentrăm resursele acolo unde sunt cele mai necesare și să ne menținem pe drumul corect către succes.

8. Celebrarea succeselor.

Nu în ultimul rând, o strategie importantă în atingerea obiectivelor pozitive este să sărbătorim succesul și să ne recompensăm pentru eforturile depuse. Celebrarea succeselor ne motivează să continuăm să ne străduim pentru obiectivele noastre și ne oferă ocazia să reflectăm asupra progresului făcut și a obstacolelor depășite.

De exemplu, dacă obiectivul nostru era de a obține o promovare la locul de muncă și reușim să atingem acest obiectiv, putem să sărbătorim această realizare printr-o cină în oraș, o zi de odihnă sau o excursie în weekend. Această recompensă ne motivează să continuăm să ne depunem eforturile și să ne atingem obiectivele pozitive în viitor.

În concluzie, setarea obiectivelor pozitive pentru viitor și stabilirea strategiilor de atingere a acestora sunt procese importante în dezvoltarea personală și profesională. Prin definirea obiectivelor SMART, stabilirea unui plan de acțiune, identificarea resurselor necesare, adoptarea obiceiurilor sănătoase, monitorizarea progresului, împărtășirea obiectivelor cu alții, reevaluarea și ajustarea obiectivelor și celebrarea succeselor, putem să ne asigurăm că ne atingem potențialul maxim și că ne îndeplinim visele și aspirațiile.

Prin urmare, este important să ne stabilim obiective pozitive, să ne concentrăm atenția asupra lor și să acționăm în consecință pentru a ne asigura că ne îndeplinim potențialul și că ne atingem visele.

Stabilirea unor scopuri realiste și crearea unor planuri pentru a le atinge este esențială pentru obținerea succesului în orice aspect al vieții. Acest proces poate părea intimidant la început, dar este crucial pentru a ne asigura că avem un scop clar și că știm ce pași trebuie să urmăm pentru a ajunge acolo. În acest articol, vom explora cum să ne stabilim scopuri realiste și cum să ne creăm planuri eficiente pentru a le atinge.

I. Importanța stabilirii scopurilor.
Stabilirea unor scopuri este importantă din mai multe motive. În primul rând, scopurile ne oferă un cadru clar în care să ne orientăm acțiunile și să ne concentrăm eforturile. Fără un scop clar în minte, ne putem simți pierduți și neputincioși, iar progresul nostru poate fi lent sau deloc.
În al doilea rând, stabilirea scopurilor ne dă un sens de direcție și propulsie. Atunci când avem un scop bine definit și motivant, suntem mai predispuși să acționăm în mod conștient și consecvent pentru a-l atinge. Scopurile pot fi o sursă de inspirație și motivație care ne poate ajuta să depășim obstacolele și să ne păstrăm pe drumul cel bun, chiar și în fața dificultăților și eșecurilor.

În al treilea rând, stabilirea unor scopuri ne ajută să ne concentrăm asupra a ceea ce este cu adevărat important pentru noi. Atunci când avem un scop clar și bine definit, putem să ne concentrăm eforturile și resursele asupra activităților și obiectivelor care ne vor duce mai aproape de realizarea acestuia. Acest lucru ne poate ajuta să ne organizăm mai bine viața și să evităm distragerile care ne pot îndepărta de la ceea ce ne dorim cu adevărat să realizăm.

În cele din urmă, stabilirea unor scopuri ne oferă o modalitate de a măsura progresul și de a urmări evoluția noastră pe parcursul timpului. Atunci când avem un scop bine definit și stabilim obiective pe termen scurt și lung pentru a ajunge acolo, putem să evaluăm periodic progresul nostru și să facem ajustări în funcție de rezultatele obținute. Acest lucru ne poate ajuta să fim mai eficienți și să ne îmbunătățim continuu performanțele.

II. Cum să ne stabilim scopuri realiste.

Stabilirea unor scopuri realiste este crucială pentru a ne asigura că avem șanse reale de a le atinge și că nu ne punem în situații imposibile.

Există câteva pași și principii de bază pe care să le urmăm pentru a ne asigura că scopurile noastre sunt realiste și realizabile:

- Clarificarea scopurilor: Primul pas în stabilirea unor scopuri realiste este să clarificăm exact ceea ce ne dorim să realizăm. Trebuie să avem o viziune clară și detaliată a scopului nostru, să știm exact ce vrem să obținem și de ce este important pentru noi. Cu cât suntem mai specifici și mai detaliați în descrierea scopului nostru, cu atât va fi mai ușor să ne stabilim obiective realiste și să creăm un plan pentru a le atinge.

- Evaluarea resurselor: După ce am clarificat scopul nostru, următorul pas este să evaluăm resursele pe care le avem la dispoziție pentru a-l atinge. Aceasta include resursele financiare, materiale, umane și de timp de care avem nevoie pentru a realiza obiectivul nostru. Este important să fim realiști în privința resurselor pe care le avem la dispoziție și să identificăm eventualele deficiențe sau lacune pe care va trebui să le abordăm pe parcurs.

- Stabilirea unor obiective intermediare:
  Pentru a face scopul nostru mai accesibil
  și realizabil, este util să stabilim obiective
  intermediare și etape pe parcursul cărora
  să ne concentrăm eforturile. Aceste
  obiective intermediare ne pot ajuta să ne
  menținem motivația și să urmărim
  progresul în direcția dorită. De asemenea,
  ne pot oferi oportunitatea de a face
  ajustări în planul nostru în funcție de
  rezultatele obținute și de condițiile
  schimbătoare.

- Analiza riscurilor și obstacolelor: Înainte
  de a ne angaja în atingerea unui scop, este
  important să analizăm și să identificăm
  posibilele riscuri și obstacole care ne pot
  împiedica să-l atingem. Acest lucru ne
  poate ajuta să anticipăm eventuale
  probleme și să ne pregătim în mod
  adecvat pentru a le gestiona în timp util.
  De asemenea, ne poate oferi oportunitatea
  de a găsi soluții alternative și de a fi mai
  flexibili în abordarea și implementarea
  planului nostru.

- Realism și fezabilitate: Un alt aspect
  important de luat în considerare în

stabilirea unor scopuri realiste este să fim realiști în privința posibilității de a le atinge și de a-și asuma responsabilitatea pentru realizarea lor.

Este important să evaluăm în mod realist resursele, abilitățile și condițiile pe care le avem la dispoziție și să ne asigurăm că scopul nostru este fezabil și realizabil în termenii respectivi. Este de asemenea important să fim dispuși să ne adaptăm și să facem sacrificii pentru a atinge scopul nostru, dacă este necesar.

III. Cum să ne creăm planuri pentru a atinge scopurile noastre.

După ce ne-am stabilit scopurile și am evaluat resursele și obstacolele, următorul pas este să ne creăm un plan concret și bine structurat pentru a le atinge. Un plan bine conceput ne poate ajuta să ne organizăm activitățile, să ne concentram resursele și să urmărim progresul către scopul nostru. Iată câțiva pași și strategii pe care să le urmăm în crearea unui plan eficient pentru atingerea scopurilor noastre:

- Definirea obiectivelor: Primul pas în crearea unui plan eficient este să definim obiectivele specifice și măsurabile pe care le dorim să le atingem. Obiectivele trebuie să fie relevante și realizabile în cadrul termenului stabilit și să fie aliniate cu scopul nostru general. Acestea pot include obiective pe termen scurt, mediu și lung, în funcție de complexitatea și durata proiectului sau inițiativei pe care o desfășurăm.

- Identificarea strategiilor și acțiunilor: După ce am stabilit obiectivele, următorul pas este să identificăm strategiile și acțiunile specifice de pus în aplicare pentru a le atinge. Acestea pot include activități concrete, sarcini și responsabilități pe care trebuie să le realizăm în cadrul planului nostru pentru a avansa către obiectivele noastre. Este important să fim specifici și bine organizați în definirea acestor strategii și acțiuni, pentru a ne asigura că nu omitem nimic important și că avem un plan bine structurat.

- Alocarea resurselor și timpului: Un alt aspect important de luat în considerare în crearea planului nostru este alocarea adecvată a resurselor și timpului necesar pentru a realiza obiectivele propuse. Trebuie să fim realiști în privința resurselor pe care le avem la dispoziție și să le alocăm în mod eficient și eficient pentru a atinge obiectivele noastre. De asemenea, este important să stabilim un program clar și bine definit pentru desfășurarea activităților și pentru a urmări progresul către obiectivele noastre.

- Monitorizarea și evaluarea progresului: Pe măsură ce implementăm planul nostru, este important să monitorizăm și să evaluăm în mod regulat progresul nostru către atingerea obiectivelor propuse. Acest lucru ne poate ajuta să identificăm eventualele probleme sau discrepanțe în timp util și să facem ajustări în planul nostru, dacă este necesar. De asemenea, ne poate oferi oportunitatea de a sărbători succesele mici pe parcurs și de a ne menține motivația și angajamentul în direcția dorită.

- Adaptarea și flexibilitatea: În ciuda celor mai bune planuri și eforturi, este posibil să întâlnim obstacole neprevăzute pe parcursul călătoriei noastre către atingerea obiectivelor noastre. Este important să fim flexibili și adaptați din mers, pentru a face față schimbărilor și provocărilor care pot apărea. Acest lucru implică capacitatea de a face ajustări în planul nostru, de a găsi soluții alternative și de a continua să progresa către obiectivele noastre, indiferent de provocările întâmpinate.

Stabilirea scopurilor realiste și crearea unor planuri eficiente pentru a le atinge sunt fundamentale pentru obținerea succesului și satisfacției personale. Este important să avem o viziune clară și detaliată a ceea ce ne dorim să realizăm, să evaluăm resursele și obstacolele pe care le avem de gestionat și să ne angajăm într-un proces de planificare și implementare structurat și bine organizat. Pentru a ne asigura că scopurile noastre sunt realiste și realizabile, este important să ne clarificăm obiectivele, să identificăm strategiile și acțiunile necesare, să alocăm resursele și timpul adecvate și să monitorizăm și evaluăm progresul în direcția dorită.

De asemenea, este important să fim flexibili și adaptați la schimbările și provocările care pot apărea pe parcursul călătoriei noastre către atingerea obiectivelor noastre.

Prin urmărirea acestor recomandări și strategii împreună cu exemple practice și studii de caz relevante, putem să ne croim drumul către succes și să ne realizăm aspirațiile și visurile cu determinare și încredere. Atingerea scopurilor noastre poate fi un proces provocator, dar și împlinitor, care ne poate aduce satisfacție și împlinire personală în multiple aspecte ale vieții noastre. Este important să fim dedicați, constanți și motivat, dar să ne dăm și permisiunea de a fi flexibili și adaptați la schimbări. Împreună, suntem capabili să ne creăm un viitor mai bun și să ne atingem potențialul maxim în orice domeniu ne-am propus.

CAPITOLUL 9

Delegarea și colaborarea.
- Cum să recunoaștem când avem nevoie de sprijin și să cerem ajutor.

Există momente în viață când suntem copți complet, ne simțim copleșiți și copleșiți de problemele noastre, fără a vedea o cale de ieșire. În aceste momente, este esențial să recunoaștem că avem nevoie de sprijin și să cerem ajutor pentru a ne recăpăta echilibrul și sănătatea emoțională. Este important să ne amintim că nu suntem singuri în lupta noastră și că există întotdeauna oameni care sunt dispuși să ne ofere sprijin și îndrumare. Prima etapă în recunoașterea faptului că avem nevoie de sprijin este conștientizarea stării noastre emoționale. Este important să fim sinceri cu noi înșine și să recunoaștem că suntem depășiți și că nu putem face față problemelor singuri. Sentimentele de tristețe, anxietate, frică sau confuzie pot fi semne că avem nevoie de sprijin și că este momentul să cerem ajutor.

Un alt semn că avem nevoie de sprijin este izolarea socială și retragerea din activitățile pe care le-am apreciat în trecut.

Dacă observăm că ne retragem din relații, că nu mai ne mai simțim confortabil în preajma altora sau că nu mai suntem interesați de activitățile care ne făceau fericite înainte, acestea sunt semne evidente că avem nevoie de sprijin și că ar trebui să cerem ajutor.

De asemenea, schimbările bruște în comportament sau în stilul de viață pot fi semne că avem nevoie de sprijin. Dacă observăm că avem dificultăți în a ne concentra sau în a lua decizii, că avem dificultăți în a dormi sau mâncat, că ne luptăm cu obiceiuri nocive precum consumul excesiv de alcool sau droguri, sau că suntem letargici și lipsiți de energic, acestea sunt semne că trebuie să solicităm ajutor pentru a reveni pe drumul cel bun.

Un alt semn că avem nevoie de sprijin este incapacitatea de a gestiona stresul și emoțiile negative. Dacă ne simțim copți de stres, anxietate sau furie, sau dacă ne simțim copleșiți de sentimente de vinovăție, rușine sau disperare, acestea sunt semne că avem nevoie de ajutor pentru a gestiona emoțiile noastre și a găsi soluții sănătoase pentru problemele noastre.

Cum putem cere ajutor atunci când recunoaștem că avem nevoie de sprijin?

Primul pas este să ne deschidem cuiva încredere și să cerem sprijinul lor. Aceasta poate fi un prieten de încredere, un membru al familiei sau un profesionist în domeniul sănătății mintale, în funcție de natura problemelor noastre și de gradul de sprijin de care avem nevoie. Este important să fim sinceri cu persoana pe care o căutăm ajutor și să le spunem cum ne simțim cu adevărat și care sunt problemele cu care ne confruntăm. Numai prin deschiderea adevărului putem primi sprijinul și îndrumarea de care avem nevoie pentru a ne recăpăta echilibrul emoțional și a face față dificultăților noastre. De asemenea, este important să căutăm ajutor profesionist atunci când simțim că nu putem face față problemelor noastre singuri. Un terapeut sau un consilier psihologic ne poate ajuta să explorăm și să înțelegem mai bine problemele noastre emoționale, să găsim modalități sănătoase de a le gestiona și să ne ofere sprijinul și îndrumarea de care avem nevoie pentru a ne recăpăta sănătatea emoțională și bunăstarea.
Nu trebuie să ne simțim rușinați sau să avem vinovății atunci când cerem ajutor.

Este perfect normal să avem nevoie de sprijin și îndrumare în momentele dificile și este important să recunoaștem că există persoane și resurse disponibile pentru a ne ajuta să trecem peste problemele noastre și să ne recăpătăm echilibrul și sănătatea emoțională. Este un act de curaj și forță să cerem ajutor atunci când recunoaștem că avem nevoie de sprijin și este un pas important în direcția recuperării și vindecării noastre.

Este important să ne amintim că suntem demni de iubire, sprijin și îngrijire și că merităm să fim sănătoși și fericiți. Cererea de ajutor nu este un semn de slăbiciune, ci de forță și curaj, și este o dovadă a faptului că ne pasă de noi înșine și de binele nostru. Prin recunoașterea faptului că avem nevoie de sprijin și că cerem ajutor atunci când avem nevoie, putem să ne construim un viitor mai sănătos, mai fericit și mai împlinit.

Cererea de ajutor și sprijin în depășirea problemelor poate fi un pas important în rezolvarea acestora și în obținerea suportului de care avem nevoie pentru a face față situațiilor dificile cu care ne confruntăm.

De multe ori, oamenii se simt reticenți în a cere ajutor din diverse motive, cum ar fi teama de a fi judecați sau de a încărca pe altcineva cu problemele lor. Cu toate acestea, este important să înțelegem că cererea de ajutor nu este un semn de slăbiciune, ci dimpotrivă, este un act de curaj și înțelepciune.

Există numeroase tehnici simple pe care le putem folosi pentru a cere ajutor și sprijin în depășirea problemelor.

Iată zece modalități eficiente de a face acest lucru:

- Comunicarea deschisă și sinceră: Este important să fim sinceri în comunicarea noastră cu cei din jur despre problemele noastre și despre nevoia noastră de ajutor. O discuție deschisă și sinceră poate deschide uși pentru a primi sprijinul de care avem nevoie.

Exemplu: "Am observat că mă simt copleșit de sarcinile de la locul de muncă și mă simt copleșit. Aș aprecia foarte mult dacă ai putea să mă ajuți cu unele sfaturi sau chiar să-mi oferi un sprijin moral."

- Punerea în valoare a competențelor și resurselor: Este important să recunoaștem și să punem în valoare competențele și resursele pe care le avem la dispoziție pentru a ne ajuta în depășirea problemelor.

Exemplu: "Am observat că ești foarte priceput la rezolvarea problemelor tehnice. Te rog să mă ajuți să găsesc o soluție pentru problema cu computerul meu."

- Formularea cererii în mod clar și precis: Este important să formulăm cererea de ajutor într-un mod clar și precis pentru a ne asigura că cei din jur înțeleg cu exactitate de ce avem nevoie.

Exemplu: "Aș aprecia dacă ai putea să mă ajuți cu consultanță în planificarea financiară pentru viitorul meu."

- Recunoașterea propriei vulnerabilități: este un pas important în a cere ajutor și sprijin în momentele dificile.

Exemplu: "Simt că nu mai fac față stresului și anxietății din ultima vreme. Aș aprecia foarte mult dacă ai putea să mă ajuți să găsesc soluții pentru a gestiona mai bine aceste sentimente."

- Cautarea de soluții împreună: Este important să ne implicăm activ în căutarea de soluții împreună cu cei care ne pot oferi sprijin și ajutor.

Exemplu: "Am întâmpinat dificultăți în găsirea unui loc de muncă și aș aprecia foarte mult dacă ai putea să mă ajuți să-mi revizuiesc CV-ul și să găsim împreună soluții pentru a găsi un job potrivit pentru mine."

- Recunoașterea și aprecierea sprijinului primit: Este important să recunoaștem și să apreciem sprijinul pe care îl primim din partea celor din jur pentru a menține relațiile sănătoase și echilibrate.

Exemplu: "Îți sunt recunoscător pentru sprijinul și înțelegerea pe care mi le-ai oferit în aceste momente dificile. Știu că pot conta pe tine și apreciez enorm implicarea ta în rezolvarea problemelor mele."

- Cererea de ajutor în mod concret: Este important să cerem ajutor în mod concret și să specificăm care sunt nevoile noastre pentru a facilita procesul de sprijin și îndrumare din partea celorlalți.

Exemplu: "Mă confrunt cu dificultăți de adaptare în noul loc de muncă și aș aprecia dacă ai putea să mă ajuți să învăț mai repede procedurile și să mă îndrumi în integrarea în echipă."

- Manifestarea recunoștinței: Este important să manifestăm recunoștința față de cei care ne oferă sprijin și ajutor pentru a întări relațiile interpersonale și pentru a crea un mediu de încredere și susținere reciprocă.

Exemplu: "Îți mulțumesc pentru consiliile și încurajările pe care mi le-ai oferit. Apreciez sincer implicarea ta în rezolvarea problemelor mele și îți sunt recunoscător pentru suportul acordat."

- Aducerea unui aport activ în rezolvarea problemelor: Este important să ne implicăm activ în procesul de rezolvare a problemelor și să aducem un aport constructiv în identificarea soluțiilor și în implementarea acestora.

Exemplu: "Îmi doresc să fac schimbări în viața mea și să depășesc aceste probleme cu care mă confrunt. "

Cererea de ajutor și sprijin în depășirea problemelor este un proces important în recunoașterea și gestionarea dificultăților cu care ne confruntăm în viața de zi cu zi. Utilizarea acestor zece tehnici simple poate facilita comunicarea și colaborarea eficientă cu cei din jur pentru a primi sprijinul de care avem nevoie și pentru a depăși cu succes situațiile dificile din viața noastră. Este important să ne exprimăm nevoile și să cerem ajutor atunci când simțim că nu putem face față singuri, deoarece este un semn de inteligență emoțională și de maturitate să recunoaștem că avem nevoie de sprijinul celor din jur pentru a face față provocărilor și pentru a evolua pe plan personal și profesional.

CAPITOLUL 10

Reevaluarea și ajustarea .
- Cum să ne monitorizăm progresul și să ne adaptăm strategiile pe măsură ce depășim limitările mentale.

Monitorizarea progresului și adaptarea strategiilor pe măsură ce depășim limitele mentale este un proces continuu și necesar pentru atingerea succesului în orice domeniu al vieții. De la atletism la afaceri, de la învățare la managementul stresului, capacitățile mentale și emoționale pe care le deținem pot deveni uneori obstacole în calea obiectivelor noastre. Prin urmare, este esențial să ne monitorizăm progresul și să ne adaptăm strategiile pentru a depăși aceste limite mentale și a ne îndrepta către succes. Pentru a începe, este important să definim ce înseamnă „limite mentale" și cum acestea ne pot afecta progresul. Limitele mentale reprezintă obstacolele sau blocajele psihologice care ne împiedică să ne atingem potențialul maxim. Acestea pot fi cauzate de frica de eșec, autosabotaj, lipsa de încredere în sine sau de alte gânduri negative care ne împiedică să acționăm în mod eficient.

De exemplu, un atlet care se auto-sabotează prin gânduri negative precum „Nu sunt suficient de bun" sau „Nu voi reuși niciodată" își pune singur piedici în calea progresului său.

Există mai multe modalități de a ne monitoriza progresul și de a identifica aceste limite mentale.

-Una dintre ele este auto-reflecția. Prin arta auto-reflecției, ne putem analiza propria gândire și comportament pentru a identifica modelele negative sau blocajele care ne împiedică să ne atingem obiectivele. De exemplu, putem ține un jurnal în care notăm gândurile și emoțiile noastre zilnice, pentru a identifica modelele repetitive sau gândurile negative care ne limitează.

O altă modalitate eficientă de a ne monitoriza progresul este prin feedback-ul extern. Prin obținerea feedback-ului de la colegi, mentori sau prieteni de încredere, putem obține o perspectivă obiectivă asupra progresului nostru și putem identifica eventualele limite mentale care ne afectează performanța.

De exemplu, un antreprenor care primește feedback de la clienți sau colegi de echipă poate descoperi că anumite gânduri sau comportamente negative își au rădăcinile în propriile sale limite mentale.

Odată identificate aceste limite mentale, este important să ne adaptăm strategiile pentru a le depăși. Unul dintre cele mai eficiente moduri de a depăși limitele mentale este prin practicarea autocunoașterii și a managementului emoțiilor. Prin înțelegerea și conștientizarea propriilor gânduri și emoții, putem învăța să le gestionăm în mod eficient.

 De exemplu, prin practicarea tehnicii de meditație, putem învăța să observăm și să gestionăm gândurile și emoțiile negative care ne limitează.Un alt mod de a depăși limitele mentale este prin stabilirea și urmărirea unor obiective SMART. Obiectivele SMART sunt Specifice, Măsurabile, Atingibile, Realiste și într-un Timp Limitat. Prin stabilirea unor obiective clare și măsurabile, putem monitoriza progresul nostru și să ne asigurăm că avem un plan de acțiune clar pentru atingerea lor. De exemplu, un student care își propune să obțină o medie de 9 la examene poate dezvolta un plan de studiu specific și măsurabil pentru a-și atinge obiectivul.

Un alt mod eficient de a depăși limitele mentale este prin vizualizarea succesului.

Prin practicarea vizualizării pozitive și imaginației creative, putem să ne antrenăm mintea să se concentreze asupra succesului și să elimine gândurile și emoțiile negative care ne împiedică să acționăm în mod eficient. De exemplu, un sportiv care își vizualizează victoria înainte de competiție poate să-și crească încrederea în sine și să își depășească limitele mentale.

Monitorizarea progresului și adaptarea strategiilor pentru a depăși limitele mentale sunt procese esențiale pentru atingerea succesului în orice domeniu al vieții. Prin auto-reflecție, feedback extern, autocunoaștere, stabilirea obiectivelor SMART și practicarea vizualizării pozitive, putem identifica și depăși limitele mentale care ne împiedică să ne atingem potențialul maxim. Prin implementarea acestor strategii și prin angajamentul continuu în procesul de dezvoltare personală, putem să ne transformăm gândirea și comportamentul în modul cel mai eficient pentru a ne îndrepta către succesul dorit.

Dragi cititori,
vă mulțumesc din suflet pentru interesul acordat cărții "Depășirea limitărilor mentale".
Sper că această lectură v-a oferit noi perspective și idei pentru a vă dezvolta și a vă depăși propriile bariere mentale.
Cititorii sunt cei care dau viață cărților și care le conferă sens. Fiecare pagină citită, fiecare cuvânt asimilat contribuie la un proces de transformare și evoluție personală.
Prin urmare, vă sunt recunoscător pentru timpul și atenția acordate acestei cărți și sper că informațiile și sfaturile incluse în ea vă vor fi de ajutor în călătoria dumneavoastră către autodepășire și dezvoltare personală.
În încheiere, vă încurajez să aplicați în practică principiile prezentate în carte și să nu vă lăsați influențați de gândurile limitative sau de fricile interioare. Prin conștiență, acțiune și perseverență, sunteți capabili să depășiți orice obstacol mental și să vă atingeți potențialul maxim.
Vă mulțumesc din nou pentru citirea cărții și pentru că sunteți parte din comunitatea celor care își doresc să evolueze și să devină cea mai bună versiune a lor înseși. Mult succes în călătoria voastră personală și nu uitați că nu există limite reale în calea succesului și fericirii voastre!

Mariana C.

"Nu este important ce crezi
că poți face, ci ceea ce crezi
că poți depăși."

"Învinge-ți limitele, depășește-ți frica, depășirea poate fi simplă, dacă înțelegi să te iubești și să te eliberezi de trecutul tău."
- Roy T. Bennett

www.ingramcontent.com/pod-product-compliance
Lightning Source LLC
Chambersburg PA
CBHW020545160726
47991CB00002B/593